KB113691

돈과 운이 들어오는
손금 읽기

돈과 운이 들어오는
손금 읽기

박소영 지음

내가 가진 福
지켜야 할

글로세움

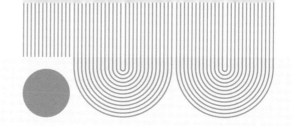

2장 연애복

3장 인복

4장 부모복

5장 배우자복

6장 자식복

7장 일복

8장 취직복

9장 시험복

10장 건강복

11장 장수복

내 손 안의 인생을 읽어보세요

코로나 19로 힘든 요즘입니다. 서울, 일산, 파주로 떠돌며 살다가 지 방 전주로 내려온 지도 1년이 넘어가네요. 제가 출간한 첫 책이 손 금책이었는데 그때는 손님마다 양해를 구하고 3백만 화소의 사진을 다 찍 었던 기억이 납니다. 지금은 온라인으로 사진을 보내오고, 상담도 하니 시 대가 많이 좋아졌네요.

예전 온라인으로 상담할 때는 메일이나 전화 상담이 주였고 지금은 대 부분이 카톡으로 진행됩니다. 특히 지금 코로나 시대가 되고 보니 방문하 지 않아도 모든 것을 가능하게 하는 기술의 발달을 실감합니다.

20대 초반, 우연한 계기로 상담하게 되었습니다. 신촌 연대 앞의 바에서 일하던 언니가 고객을 위한 이벤트로 기획하여 손금을 봐주고, 그 수익금은 천주교 봉사 단체에 기부하겠다고 했습니다. 그때 당시 3천 원에 손금을 봐줬던 기억이 납니다. 손금만 목적이 아니라 전 알바생이었습니다.

그런데 어느 날 하루는 사람들이 미어터지게 북적대는 거예요. 서빙할 시간이 없을 정도로 많은 사람들이 들이닥쳤습니다. 손금 3천 원의 위력이 강했는지 저의 말빨이 강했는지 대전에서, 강원도에서 찾아왔다는 분들도 기억이 납니다.

그때부터 저는 손금으로 유명해져서 첫 책을 내게 되었고, 그 후 전국으로 입소문을 타기 시작했습니다. 세상이 좁은 게 그때 바에서 일했던 언니를 어디서 만났는 줄 아세요? 부동산 분양하는 곳에서 상담해주는 사람으로 만나게 됐어요. 그 언니의 이름조차 몰랐는데 누군가 반갑게 제 이름을 부르더라구요. 그리고 저는 그 아파트를 분양받았고, 2년을 넘게 살다 전주에 와 있습니다. 사람의 인연이 이렇게 질기구나, 돌아서라도 만나게 되는 것이 인연인가 봅니다.

상담하면서 가장 궁금하게 생각하고 물어보는 것이 복에 관한 것이었습니다. 자신에게는 무슨 복이 있냐고 말입니다. 여성의 입장에서는 배우자복, 자식복을 제일 많이 물어보고, 남자들 입장에서는 재물복, 사업복을 많이 물어보더라구요.

정작 건강복을 물어보는 경우는 드물었지만, 말년에 갈수록 제일 좋은 복이 건강복과 인복 그리고 부모복인 것 같습니다. 부모복이 있는 분들을 보면 노력하지 않아도 크게 고생하지 않고 잘 굴러가더라구요. 그런데 자

돈과 운이 들어오는 손금 읽기

신의 의지와 노력으로 모든 것을 일군 자수성가한 분들은 부모복은 아예 기대하지 않고 스스로 앞만 보고 달려와서 그런지 말년에 대한 두려움이 가장 컸던 것 같습니다.

맞습니다. 건강과 말년이 가장 중요합니다. 인생사 다 짊어지고 갈 거 아니니 즐기며 살자 하다가도, 말년에 힘 없을 때 재물 걱정하며 살아야 한다면 그보다 더 비참한 게 또 있을까요?

이 책은 아마추어가 읽어도 쉽게 이해할 수 있도록 풀이했습니다. 내가 가진 복과 몰랐던 복 그리고 앞으로 지켜내야 할 복이 뭔지 곰곰히 연구해 보고, 내 가족들의 복도 챙겨주는 센스 있는 독자가 되어보세요.

손금의 8가지 기본선을 알아보자

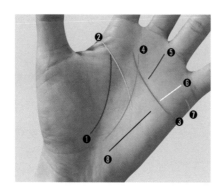

손금은 한 사람의 인생을 담고 있습니다. 그래서 어떤 사람들은 단지 손금 하나만 보고 자신의 운명을 단정해버리기도 합니다. 하지만 우리가 하루하루 성장하고 늙어가듯이 손금도 알지 못하는 사이에 변한다는 사실을 알아야 합니다. 당신이 부단히 노력하고 열정적 삶을 살아내면 손 안에 뚜렷하게 그 역사가 새겨지는 것입니다.

손금을 잘 읽으려면 우선 8가지 기본선을 알아두는 게 좋습니다. 이를 잘 알고 올바르게 이해하면 손금의 80%는 알아낼 수 있습니다.

| ❶ **생명선(빨간색)** | 생명의 연장을 의미하기도 하지만 선이 진하면

적극적이고 활발하며 역마살이 들었다고 할 수도 있습니다. 건강하고 유머러스한 면도 있습니다. 생명선이 연하면 소심하고 건강에도 신경써야 하며 자존감 부분도 떨어집니다.

| ❷ 두뇌선(노란색) | 이과냐 문과냐 두뇌를 보는 거지만, 이성적이냐 솔직하냐 두뇌회전이 빠르냐, 신중하고 꼼꼼하냐를 보기도 합니다. 두뇌선(지혜선)이 길면 가방끈이 길다고 표현할 수 있고, 늦공부를 하게 될 수도 있습니다. 두뇌선이 짧으면 명석하고 똑똑하나 공부할 시기를 놓치면 다시 공부하기 힘들 수도 있고, 잔머리가 발달되어 있다고 봅니다. 직선형이면 이과, 곡선형이거나 휘어져 있으면 문과 아니면 예술 쪽이라 봅니다.

| ❸ 감정선(초록색) | 성격을 말합니다. 직선형이면 솔직하고 자신을 표현하는데 서툴고 무슨 생각을 하는지, 자신의 이야기나 자신을 드러내는 걸 별로 좋아하지 않습니다. 곡선형이거나 길면 생각이 많고 감수성이 뛰어나며, 얼굴에 나타나기 때문에 거짓말을 해도 다 표가 납니다. 소지 손가락으로 시작하는 감정선은 유년시절의 환경도 볼 수 있으며, 검지 손가락 정도는 적당한 감정선입니다. 검지 손가락까지 향해 있는 감정선은 명예와 권력을 의미하기도 합니다.

| ❹ 운명선(파란색) | 직업운을 말해줍니다. 손목에서 시작해 잘 올라가 있으면 보수적인 성격을 나타내기도 하지만, 대기업이나 공공기관 등

한 우물을 파야지만이 성공한다는 의미이고, 중간에 끊어져 있거나 늦게 시작하는 운명선은 늦게 자기 자리를 찾아가게 됩니다. 운명선이 없으면? 어디로 가야 할지, 항상 꿈은 있는데 환경이 받쳐주지 않는다든지 늘 고민하게 됩니다. 운명선이 선명하면 일복이 많은 것이고, 운명선이 중지 손가락까지 올라가면 말년까지 일해야 합니다.

│ ❺ **재물선(보라색)** │ 명예와 권력을 의미하는 선이기도 하지만, 재물을 보기도 합니다. 감정선에서 시작해 길게 약지 손가락을 향해 가는 재물선은 이상적인 재물선이고, 개수에 따라 투잡이든 재테크의 선이기도 하고, 휘어져 올라가는 재물선은 인기와 연관되어 있습니다. 재물선이 길고 선명할수록 좋고, 중간에 끊어져 있으면 다시 시작하는 의미도 있고, 실패를 맛보는 것일 수도 있기 때문에 사업가라면 재물선의 힘을 잘 살펴봐야 할 것입니다.

│ ❻ **사업선(하얀색)** │ 감정선에서 시작하는 사업선이 제일 좋은 사업선이며 책임감과 인내심의 선이기도 합니다. 사업선의 발달은 리더십이 있고, 자기 관리에 신경을 쓰기도 하며, 계산에 능하기 때문에 사전에 미리 자기 계획을 잘 세우는 사람이라고 보면 됩니다.

│ ❼ **결혼선(비취색)** │ 결혼선의 의미이기도 하지만 자식선으로 보기도 합니다. 두 개면 자식이 둘, 선명하면 아들, 연하면 딸이라고 합니다. 자식

돈과 운이 들어오는 손금 읽기

선이 곧고 선명해야 하는데 연하고 끊어져 있으면 자식과 일찍 떨어질 수도 있고, 맞벌이로 인해 자식한테 소홀할 수도 있습니다. 결혼선이 연하면 부부가 정이나 의리로 사는 것이고, 선명하면 애정 표현에 적극적이거나 가족에 신경쓰는 사람이며, 자식 욕심이 많은 사람이라고 보면 됩니다.

| **❽ 건강선(남색)** | 월구에서 비스듬히 시작해서 올라가는 선으로 생명선과 함께 건강운을 관찰하는 선입니다.

손금의 가지선을 읽어보자

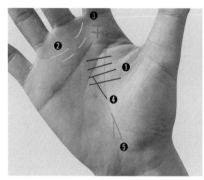 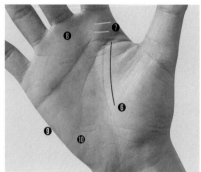

| **❶ 장애선(빨간색)** | 생명선에서 나오는 장애선은 신경성을 말해줍니다. 가족애가 강해서 장남 역할이나 맏이 역할을 하게 되며 자신보다 가족을 더 신경씁니다. 장애선이 굵고 선명하면 자기 꿈을 어쩔 수 없이 포기하고 아픈 사람을 부양하거나 자식 때문에 직업을 관두게 될 수도 있으며, 가족 간에 사건·사고가 끊이지 않을 수도 있습니다.

| **❷ 금성대(노란색)** | 매력선이기도 합니다. 다재다능하고 매력이 다분하기도 하지만 우유부단하거나 결정력이 부족할 수 있습니다. 4차산업 시대에는 창의력을 요하는데 이 매력선이 창의력과 상상력에도 연관되어 있

어 예술활동을 하는 분들이 발달되어 있다고 보면 됩니다.

│ ❸ 관운모양(초록색) │ 나라 시험을 보면 합격할 수 있는 우물정자 모양입니다. 이 모양이 있으면 구사일생으로 사고로부터 생명을 구할 수도 있으며, 공직에 있는 사람이 이 문양이 있으면 올라갈 수 있을 때까지 쭉 자리가 보장되어 있다고 보면 됩니다.

│ ❹ 자수성가선(보라색) │ 이 선이 있으면 자기가 벌어서 성공한다는 의미도 있고, 이 시기에 좋은 일이 일어날 수도 있고 자기 사업을 하게 될 수도 있습니다. 운명선은 없지만 자수성가선이 있으면 자기 사업과 연관되어 있고 프리랜서나 전문직으로도 크게 성공할 수 있습니다.

│ ❺ 인연선(파란색) │ 생명선 하단에 붙어있는 지선을 의미하는데 길면 멀리 있는 사람과 인연이 있다는 것이고, 짧으면 가까운 사람과 인연이 있다는 의미의 선입니다. 길면 역마와도 인연이 있고 해외하고도 인연이 있습니다.

│ ❻ 영향선(보라색) │ 부부 인연을 말하기도 합니다. 영향선이 가다가 멈춰 있으면 애정전선에 문제가 생길 수도 있지만, 자기 일에 더 집중하게 됩니다. 한결같이 이어져 있으면 부부가 서로 챙기며 의지하게 되고 도움을 줘야 합니다. 젊은 사람일수록 이 선이 발달되어 있으면 연애를 일찍

하게 되지만, 이 선이 없으면 자기애가 강한 사람이기 때문에 연애가 틀어지거나 잘 안 될 수도 있고 혼자 살 수도 있습니다.

| **❼ 솔로몬링(노란색)** | 느낌 감이 발달되어 있는 선입니다. 직감력이 뛰어나거나 첫인상을 중시한다거나 또는 꿈이 잘 맞을 수도 있으며, 철학 즉 손금, 사주, 관상 또는 타로점 등에 관심이 많을 수도 있습니다.

| **❽ 감정선의 지선(초록색)** | 이 선이 발달되어 있으면 상대의 이야기를 편안하게 들어주는 지선입니다. 상담가한테 잘 어울리는 선으로 배려심이 있고 진중하고 마음을 치료하는 능력을 갖고 있다고 보면 됩니다.

| **❾ 반항선(연두색)** | 반항기질이 있다고 보기도 하지만 늘 일복이 따라다니고 바쁘다는 지선입니다. 논리적이고 영업력도 있고 해서 편집이나 방송 언론 쪽 기자 쪽도 잘 어울리는 선입니다.

| **❿ 여행선(파란색)** | 여행을 의미하기도 하지만 역마를 의미하기도 합니다. 역마란 바쁘게 돌아다니고 집에 있는 것보다 활동하는 사람한테 좋은 의미지만, 가정하고 거리가 좀 멀어서 자식 교육이나 자식 욕심에 소홀할 수도 있습니다.

base 03 손바닥의 구를 잘 살펴야 한다

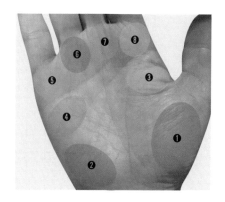

손금을 정확히 알아보기 위해서는 손바닥의 '둔덕(구)'에 대해서도 이해할 필요가 있습니다. 구란 손바닥에 언덕처럼 살이 두둑한 곳을 말합니다. 구를 읽을 때는 단지 한 곳의 모양새만 보지 말고 전체적인 균형을 살피는 것이 중요합니다. 손금을 살필 때 구도 중요한 역할을 하기 때문입니다.

| ❶ 금성구(황토색) | 금성구가 두툼하면 인복과 유머러스한 면도 있지만 재복도 있습니다. 부동산에 욕심을 내면 좋고, 토지와 인연이 있어서 땅을 많이 밟고 다닌다거나 역마가 발달되어 있다고 보면 됩니다. 사무직보

다 바깥 일이 더 잘 맞으며 여행을 좋아한다거나 모험을 좋아하게 됩니다.

| ❷ 월구(빨간색) | 창의적인 재주가 있으며 4차원이라고 느낄 수도 있습니다. 예술, 예능 쪽도 잘 어울리고 심리나 철학 쪽도 잘 어울리며 종교계에도 잘 어울립니다. 월구의 발달은 사회성이 약할 수도 있고 조직 생활에서 살아남기 힘들 수도 있습니다. 한마디로 자유로운 영혼의 사람이라 생각하면 됩니다.

| ❸ 제1화성구(노란색) | 여기가 두툼한 사람은 거의 없지만 운동하는 사람이나 운전대를 많이 잡는 사람 또는 모험하는 사람이 대개 두껍습니다. 이 부분이 발달되어 있으면 조폭 아니면 욱하는 기질이 있다고 해서 참을성과 인내심이 필요합니다.

| ❹ 제2화성구(초록색) | 경영, 회계 또는 문과의 발달을 뜻하기도 하지만 이론적이고 현명하고 똑똑합니다. 미래지향적인 사람이고 목표한 바 끝까지 이루려고 하는 사람이라고 보면 됩니다.

| ❺ 수성구(파란색) | 이공계의 발달도 어울리고 계산 분야도 잘 어울립니다. 어학 발달도 어울립니다. 현실적인 학문과 정답이 떨어지는 쪽이 어울린다고 보면 됩니다. 수성구의 발달은 빠른 두뇌회전이 장점입니다. 위기에 닥치면 잘 대처하는 능력이 있는 부분이 바로 수성구입니다.

| ❻ **태양구(보라색)** | 인기와 인복을 뜻합니다. 연예인처럼 또는 수장 자리까지 올라갈 수 있는 것이 태양구의 발달입니다. 이 부분이 발달되어 있으면 외모에도 신경쓰고 남 의식도 많이 하며, 자기 관리를 잘 한다고 보면 됩니다.

| ❼ **토성구(비취색)** | 종교적인 성향이 강한 곳입니다. 토성구의 발달은 심리적·철학적 생각이 많은 구이며 종교가가 된다거나 철학자가 되기도 하고, 연구원이 되기도 하며 교수가 되기도 합니다.

| ❽ **권력구(연두색)** | 명예를 뜻합니다. 권력구의 발달은 올라갈 수 있는데까지 진급하기도 하며 자신이 하고자 하는 일에 끝까지 욕심을 부리고 이루려고 합니다. 자존심이 강하고 이기적일 수도 있으며, 자기 비하나 욕을 먹는 데에 극히 예민하기 때문에 트라우마가 오래 갈 수도 있습니다.

1장

재물복

재물복 선의 의미

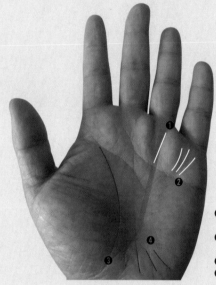

❶ 약지 손가락으로 향하는 선이 있다
❷ 수성구 발달 및 지선이 올라가 있다
❸ 생명선이 튼튼하게 내려가 있다
❹ 월구에 지선이 있다

약지 손가락으로 향해 가는 선❶은 다 재물선입니다. 재물선은 재물복을 의미하기도 하고, 명예와 인기를 의미하기도 합니다. 감정선 위로 재물선 한 개는 꾸준한 수입원을 말하고, 두 개는 부업이나 부부가 같이 맞벌이하는 경우 또는 재테크를 의미하기도 합니다. 감정선 지선의 밑에도 재물선이 있으면 재물이나 재테크에 대한 욕심이 또래보다 더 많다고 보면 되고, 자신이 하는 일에 일찍 두각을 나타내기도 합니다.

돈과 운이 들어오는 손금 읽기

약지와 소지 손가락으로 향해 가는 재물선이 있다면 횡재선을 의미합니다. 뜻하지 않은 횡재도 되고, 부모로부터 물려받는 재물도 되며, 자기한테 오는 기회를 잘 잡는 행운의 지선이기도 합니다.

운명선보다 재물선이 선명하면 과하게 일을 하지 않아도 인정받을 수 있으며 돈에 구애받지 않고 생활할 수 있습니다. 재물선이 언하면 새물 욕심을 부리기보다는 저축하거나 보이지 않게 재테크하는 편이 좋습니다. 재물선이 없다고 해서 재물운이 약하거나 없는 것이 아니고 꾸준함이 없다는 의미입니다. 하다가 관두고, 깊이 생각하다가 포기하고 용두사미가 될 수 있는 여지가 있으며, 마음의 여유는 있어도 책임지고 싶어하지 않는 한량의 의미도 있습니다. 만약 내가 재물선이 없다면 안정적인 삶을 살고 있는지, 앞으로 어떤 계획을 세우며 살아갈 것인지 진지하게 고민해 봐야 할 것입니다.

재물은 꼭 재물선만 보느냐? 그런 것도 아닙니다.

❸생명선(초록색) 부근이 튼튼하면 부동산과 인연이 많습니다. 그리고 소지 손가락 밑에 ❷수성구(노란색)도 재물과 인연이 있습니다. 두 가닥이면 언어로 먹고 산다고 할 정도로 영업력이 좋으며 수완이 있습니다. 수성구의 발달은 사업가들에게 많이 나타나기도 하고 전문직 종사자들에게 나타나기도 합니다.

❹월구(파란색)의 발달도 인기와 인복이 있다는 의미입니다. 귀인이 나를 도와준다거나 인덕으로 재물이 불어날 수 있는 지선입니다. 그 밖에 운명선의 지선, 재물선의 지선, 사업선의 지선도 재물에 해당이 됩니다.

재물이 떨어질라 하면 생겨요

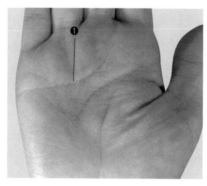

❶ 감정선에서 재물선이 올라온다

월급 생활을 하는 사람들이 이런 재물선을 갖고 있습니다. 말년까지 재물이 떨어지지 않아요. 만약 일을 하지 않고 있다면 배우자가 규칙적인 수입을 가져다 줍니다. 젊은데 이런 재물선이 있다면 큰 기업이나 공기관, 공무원 등 나라 시험을 보는 것도 추천합니다.

손금은 변합니다. 나이가 아직 어린데 이런 재물선을 갖고 있다는 것은 어쩌면 운명일 수도 있고, 기회일 수도 있습니다. 어린 나이에 재물선이 흐지부지하거나 완성이 덜 됐다면, 현재 재물복이 있는 게 아닙니다. 항상 돈을 생각해야 하고, 재물 관리를 잘해야 합니다. 나사가 하나 빠진 듯 행동할 수도 있습니다. 있으면 쓰고 없으면 말지만 가까운 사람이 돈 문제로 걸고 넘어진다거나 유혹하면 의리 때문에 믿어주고 맡길 수 있습니다.

재물선이 곧게 올라갔다는 것은 돈에 연연해서 살 사람이 아니라는 걸 보여주지만 돈 개념을 일찍 깨달을 수 있는 선입니다. 아르바이트를 일찍 한다든지 나이 답지 않게 주식이나 채권 등 금융에 관심이 갈 수도 있습니다. 철이 빨리 든 것이라고 할 수도 있지요.

재물선이 손가락까지 넘어가면 좋은가요?라고 물어보기도 하는데 어떤 선이든 과하면 좋지 않습니다. 이 또한 나이대를 봐야 합니다. 지선이 굵어지기도 하고, 기본선들이 진해져서 주름처럼 만들어지기도 하며, 잔선이 없어지기도 하니, 나이대가 어느 정도 있는데 재물선이 다 넘어간 것은 주름의 영향입니다.

다시 말해, 감정선에서 올라오는 재물선은 나에게 기회이자 복일 수도 있습니다. 잘 활용한다면 재테크를 준비한다든지 비상금을 마련한다든지 기회로 삼아도 충분합니다.

· 에피소드 ·

50대 직업은 현모양처

배우자가 내로라하는 대기업에서 직책이 높은 분인 듯합니다. 첫인상은 푸근한 아주머니 같았어요. 그래도 배우자 덕에 이만큼 여유 있게 살고 있다는 것이 자랑거리였습니다.

자신에 대해 맞춰보라는 식으로 당당하게 손바닥을 내보입니다.

"언니는 일해야 하는데?"

"어머 틀렸네. 나 일 안 하는데… 내가 이 나이에 무슨 일을 해요?"

"아… 아저씨가 재물을 꾸준히 갖다주시는구나."

"그래요? 그게 나와요? 나 남편복 있는 거 나와요?"

배우자복 나오기 전에 제가 그랬습니다.

"언니, 혹시 꾸준히 들어오는 돈 있지 않아요?"

"아니 그건 얼마 안 되는데? 작은 오피스텔 하나 있고… 시골에 땅도 있어서 연세 받고 있는데… 그런 건 안 나오잖아요?"

그래도 좋은 소리 들으니 기분이 좋은지 아저씨 자랑을 늘어놓습니다. 내로라하는 대학 나왔고, 공부 욕심이 많아 지금도 열심히 공부 중이고, 아저씨가 자랑스럽다고. 자기가 내조하는 것도 큰 보탬이 되는지 모르겠지만 사회생활하라고 하면 자기는 싫다고.

재물선 하나만이라도 튼실하면 더할 나위 없다는 에피소드였습니다.

아들이 7살 때였어요. 지나가는 차들을 보더니 "엄마 Y자 모양 저 차 얼마야?" 뭘 보고 얘기하나 했더니 벤츠를 말하는구나 싶었어요.

"저 차? 우리집 한 대 값일걸?"

"그렇게 비싸? 엄마 나 어른 되면 저 차 꼭 살 거야."

"정말? 엄마 사주는 거야?"

"아니… 엄마 태워줄게."

보통 아이들 같으면 엄마 아빠에게 사준다고 난리더만… ㅜㅜㅜ

　　　　　　　　　　　　　돈과 운이 들어오는 손금 읽기

저는 안정적인 걸 좋아해요
사업은 못할 팔자인가 봐요

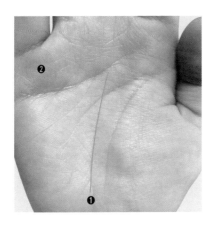

❶ 운명선이 감정선에서 멈춰 있다
❷ 소지 손가락 밑에 사업선이나
　지선이 없거나 지저분하다

운 명선이 멈춰 있든지, 운명선이 있지만 여러 가닥으로 올라가져 있
다면 사업하고는 거리가 멉니다.

사주에서 여덟 글자를 내 차라고 친다면, 10년마다 변하는 대운은 도로
라고 하겠습니다. 손금에서는 운명선이 내 길과 같은 것입니다. 거기에 맞
춰서 직장이 좌지우지합니다. 감정선에서 멈춘 운명선은 직장생활이나 사
업을 하더라도 큰 사업보다는 소규모, 아니면 자기 혼자 할 수 있는 프리
랜서가 낫습니다. 감정대로 했다가는 낭패를 본다는 의미입니다.

그래서 중심을 잡아주는 운명선이 있다면 직장생활로 오래 가는 것이
좋습니다. 퇴직 즈음해서 직장을 잡으려는데 운명선이 없다면 직장을 잡

을 수 있을까? 이미 배운 것, 해왔던 일이 있다면 향후 몇 년은 계속해서 그 길로 가는 것이 좋습니다.

그렇지 않고 가게를 개업하고 싶다면 좀 더 신중을 기해야 합니다. 소지 손가락에 사업선은 꼭 있어야 합니다. 감정선에서 나온 사업선은 다른 선은 별 볼 일 없어도 이 선만 떡하니 있다면, 이 사람은 사업가라고 암시할 수 있습니다. 여러 가닥이 있다면 사업가의 기질은 있으나 여기저기 일을 벌이고 다니기 때문에 정작 내 수중에 이득을 보는 일은 별로 없을 수도 있습니다.

이 지선이 두 가닥, 젓가락 모양처럼 예쁘게 나 있다면 말로 벌어 먹고 사는 사람이라고 하겠습니다. 이는 영업을 해도 되고, 자기 기술로 벌어 먹어도 됩니다. 어학 분야에서 벌어 먹고산다든지, 예를 들어 학원을 한다든지 할 수도 있거든요.

그 지선이 하나냐 두 개냐 세 개냐에 차이를 둔다면, 하나는 사업가의 손금, 두 개는 어학으로 벌어 먹는 손금, 세 개는 욕심이 많은 사람임을 나타냅니다. 직장생활을 하는 사람인데 3가닥이다 하면 여기저기 투자하고 싶다거나 다른 재테크를 찾아보고 있을 수도 있겠네요.

남자의 손금이 선명하고 지저분하면?

어떤 선을 보고 이야기하자면 깁니다. 이 선은 이렇고 저 선은 이렇고…. 그런데 남자가 선이 많은 사람이 주변에 있나요? 그렇다면 그 사람은 일복이 많은 사람입니다. 사업을 해도 그렇고, 직장생활을 해도 그렇고, 정말 일이 따라다닙니다.

집에서도 할 일이 없냐? 그렇지도 않습니다. 집에서 쉬고 싶어도 잘 쉬질 못합니다. 주변에서 가만두지 않습니다.

일복이 너무 많다 보니 적은 월급에 10년을 일한다면 누군들 그만두고 싶지 않겠냐구요. 그래서 결국 이직을 생각합니다.

하지만 이직하는 곳도 마찬가지입니다. 그래서 웬만하면 한곳에서 올라갈 수 있을 때까지 버티는 것이 덜 고생하는 건대 죽어도 있기 싫은 거죠. 결국 또 이직을 하거나 사업으로 눈을 돌리는 경우도 있습니다. 사업을 하면 사장 노릇하는 것이 편치 않습니다. 하나부터 열까지 다 자기가 챙겨야 직성이 풀립니다.

평생 고생만 하다가 간다고, 정말 내 팔자가 제일 더럽다고 하는 사람이 있는가 하면, 애초에 일이 좋아서 하는 거다, 내 일이니까 내가 해야 직성이 풀리니 당연하다 체념하는 사람도 있습니다.

그러면 남자만 여기에 해당하는 걸까요? 여자는 원래 지저분한 손금이 참 많습니다. 단순하다고 하여 귀하게 현모양처처럼 살진 않는답니다. 여자의 손금이 지저분한데도 손 자체가 예쁘다면 원래 지저분한 꼴을 못보는 타입, 내 눈에 일할 게 보이면 바로 일하는 분입니다.

즉 남자는 굵고 선명하고 선 자체가 너무 많은 사람은 드문데, 그 사람은 어쩌면 여성적인 면도 있고 예민하고, 살림하고 거리가 먼 게 아니라 가까운 사람이라는 걸 그리고 일복이 늘 따라다닌다는 걸 명심하세요.

호박점도 점이다

"누나! 나 대기업 지원했는데 될 거 같아?"

후배 한 녀석이 만나기만 하면 저리 노래를 부르며 약을 올립니다. 나도 한때 점보는 걸 참 좋아했습니다. 가끔 점집에 가서 어떤 이야기가 툭 튀어 나올 때 소름이 돋기도 하고, 뭐가 더 보이나 궁금하기도 하고 그랬습니다. 20대 초반에는 그렇게 이 소리 저 소리 다 하더니… 30대 마지막에 갔던 점집에서는 아무것도 보이지 않는다고, 자서전 같은 자기 이야기를 듣고 시간만 허비하다 복채만 내고 나왔습니다. 제가 하는 일에 대해선 일체 말하지 않았습니다. 그냥 주부로 간 거니까요.

20대 초반, 신랑의 이직 문제가 궁금해서 갔는데 신기했던 것은 들어서자마자 "임신 했네? 아들이구만…" 하는 것이었습니다. 당시 8주 무렵이었습니다. 그때 외에는 뜬구름 잡는 이야기만 하여 딱히 기억에 남는 것이 없습니다. "이직하겠네…" 그걸로 끝. 신랑의 마음이 이미 떴으니까요.

그런데 각자 사람에게 그만이 풍기는 기운이랄까 그런 게 있지 않나요? 오래 상담하다 보니 사람마다 풍기는 기운이 있습니다. 착한 기운도 있고 순수한 기운도 있고 끈질길 것 같은 기운도 있고 엮이고 싶지 않은 기운도 있어요.

한번은 철학하는 분이 찾아왔습니다. 20대 초반이었는데 서로 봐주자고 합니다. 너는 내 손금을 봐라, 나는 네 사주를 봐주겠다. 이거지요.

시집은 못 간다고 혼자 살라고, 고란살이 있어서 그렇다는 말을 들었죠. 그 손금을 보니 진짜 철학하는 사람은 아닌데… 부동산 해야 하는 사람인데…. 자기 운명이 너무 궁금해서 공부하다가 이 길로 빠졌다는 이야기로 마무리했죠.

또 어떤 분은 손금을 보고 철학하세요?라고 했더니 어떻게 그걸 맞추냐고 어떤 선이 그러냐고 캐묻는 분도 있었습니다.

"언니 신기 장난 아니다"라고 했더니 나중에 신내림 받은 지 10년 되어 간다고, 그런데 요즘 신이 안 내려온다고, 그래서 우울하다는 분도 있었습니다.

새해가 되면 점집에 한 번씩 가지요? 신년운수를 보러 가기도 하고, 뭘 조심해야 하는지 궁금해서 가기도 하고…. 다 좋습니다만 절대 굿은 하지 마세요. 얻어지는 것은 없고 잃는 것은 많답니다.

건강지켜 달라고 굿하러 갔다가 건강은 무슨…. 영화 〈곡성〉의 한 장면이 떠오르네요. 자신을 믿으세요.

투자운이 있나요?

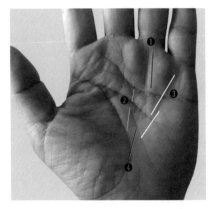

❶ 재물선이 두 개다
❷ 운명선이 두 개다
❸ 사업선이 두 개 이상이다
❹ 자수성가선이 있다

투자에는 부동산, 주식, 펀드 또는 비트코인 등 여러 가지가 있습니다. 그중에 총괄하여 볼 때 주식투자는 두뇌선이 짧은 사람이 더 유리합니다. 단타에 강하고 넣고 빼는 판단력이 두뇌선이 긴 사람보다 강하기 때문입니다. 두뇌선이 긴데 주식투자를 하고자 한다면, 우량주에 장기간 둬야 합니다.

부동산은 금성구와 인연이 많습니다. 두툼하면 토의 기운이 강하기 때문에 농사를 짓는다거나 농장을 합니다. 자수성가선이 여러 가닥이 있으면 임대 관련 쪽이 잘 어울리고, 사업선이 여러 가닥이면 돌아다니면서 투자 관련 제의를 받는다거나 말 못 할 투자를 하는 경우도 있습니다. 지금

돈과 운이 들어오는 손금 읽기

나이 시점이 가장 중요합니다.

❶처럼 재물선이 나란히 두 개면 수입이 두 군데서 들어온다는 의미입니다. 두 개 이상이면 재물 욕심이 많고 투자 욕심도 있습니다. 그래서 이것저것 돈을 벌만한 게 없나 물색하게 됩니다.

❷의 경우는 일을 두 개 한다는 의미이지만, 투잡을 하거나 또는 그 시점에서 투자를 할 수도 있습니다.

❸의 경우 프리랜서라면 이 일 저 일 끊이지 않는다는 의미이고, 자기 사업과 연관하여 투자하는 것도 잘 어울립니다.

❹의 경우는 자기 가게를 열거나 임대를 주면 좋고, 사업을 하게 되면 잘 될 수도 있습니다.

그럼 나이대가 중요한데 어느 시점을 유년법으로 해서 잡아야 하는지 그게 어렵겠지요?

자수성가선은 생명선에 붙어 있습니다. 그러니 반으로 잘라 40살로 얼추 보고 판단하면 되고, 제일 어려운 것이 소지 손가락의 사업선입니다. 사업하는 사람들은 이 사업선이 엄청 선명합니다. 그래서 흐리거나 끊어져 있으면 실패할 가능성이 있습니다. 운명선이 감정선에서 멈춘 것은 55세로 보면 되고, 두뇌선에서 멈춘 것은 38살로 보면 됩니다.

재물선도 운명선과 마찬가지로 옆으로 읽으면 도움이 됩니다.

식복은 어디를 봐야 할까?

오복 중에 식복이 있습니다. 어디를 가든 늘 먹을 복이 따라다닌다고 합니다. 체구가 크고 살집이 있는 사람이 식복이 있겠지만 식복인지 식탐인지 구분이 안 갈 수도 있습니다. 요즘 먹방을 많이 하는 사람들을 보면 어쩜 저리 먹을 수 있을까 감탄하기도 하지만 과연 그들이 식복이 있는 사람들일까요?

먹방을 보고 나면 ASMR소리와 함께 먹고 싶은 걸 대신 먹어주는 것도 있지만 저는 잘 안 봅니다. 판을 깔아놓고 다 먹어 치우는 것도 얼마나 힘든 일일까? 결국 게워낸다고 하던데 또 얼마나 건강이 망가질까? 자기만의 공간에서 팬들과 소통한다고 하지만 악플도 견뎌내야 하는 그런 스트레스는 또 어찌 감당해야 할까? 얼마나 더 오래 할 수 있을까? 의문이 들 뿐입니다.

식복! 중요합니다. 손금에서 식복은 구의 발달과 재물선과 연관되어 있으니 참고하시기 바랍니다.

· 에피소드 ·

당신도 주식하나요?

자신이 투자하는 주식의 종목을 알려주며 손해 봤다고, 앞으로 올라가냐고 물어보는 분들이 더러 있습니다. 주식을 주업으로 하는 친한 친구가 정보를 알려주고선 알아서 뺄 때 빼라고 자기는 모른다고 뒤로 발뺌했다고 합니다.

주식의 '주' 자도 모르는 나도 지금 몇 년째 하고 있습니다. 물론 큰 돈은 아닙니다. 몇 년 하고 나니 대충 흐름도 읽혀지고, 살 때 어떻게 사는지 팔 때는 언제쯤 파는 것이 좋은지 경제뉴스랑 같이 보게 되더라구요.

그런데 결론은 주식은 대기업 정도의 주식을 사놓고 묵혀 두는 것이 젤 마음이 편하더라는 것입니다. 북한과 관련된 테마주, 정치와 관련된 주식, 그리고 기아 현대차에서 애플과 공동개발 하려다 무산되었다는 뉴스가 나옵니다. 순간 '아! 내일 기아 주식 엄청 떨어지겠구나' 했는데 정말 엄청 떨어졌어요. 최근 기아 주식이 최고점을 찍고 있었거든요. 한마디로 주식도 투자와 관련된 것은 맞지만 두뇌선이 짧은 사람이 더 잘 하는 거 같아요.

비트코인? 그것도 이야기만 들었습니다. 주식과 비슷하다고는 하는데 비트코인에 투자했다가 본전도 못 찾고 이번에 엄청 오를 때 본전을 찾았다는 분이 있었습니다. 그래서 더 집어넣으려고 하더라구요. 그런 확신은 어디서 오는지 모르겠지만, 앞으로 비트코인의 전망이 밝다고 당당히 말씀하시는데 무서워서 거기까지는 쳐다보지 않았습니다.

한때 아주머니들이 어디 가서 비트코인에 대해 교육 받고 몇 천 투자했는데, 바닥을 칠 때 몇 백 건지게 생겼다고 고민했던 분들이 생각납니다.

부동산 운이 있나요?

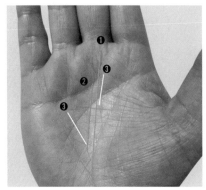

❶ 운명선을 향해가는 선이 있다
❷ 운명선이 있다
❸ 운명선의 지선이 있다

전체적으로 여러 선을 살펴봐야겠지만 지금 당장 부동산 운이 있냐고 물었다면? 우선 운명선에서 나오는 지선❸이 있어야 합니다. 브이 (V)자 모양처럼 나와 있는 지선이나, 운명선과 나란히 젓가락 모양처럼 올라와 있는 선을 말합니다. 브이자 모양으로 약지 손가락 즉 재물선을 향해 가는 것이 좋고, 검지 손가락 쪽으로 향해 가는 것도 나쁘지 않습니다.

검지 손가락 쪽으로 향해 가는 것은 대물림이나 부모, 또는 가까운 친인척의 영향이 있고, 고향 근처라든지 내가 알고 있는 동네나 멀리 떨어져 있지 않은 곳이 됩니다. 약지 손가락으로 향해 가는 브이자 모양은 지역이 바뀐다, 예를 들어 광명에 살았는데 파주로 간다든지, 서울에 살았는데 경기도로 가는 경우처럼 지역 이동을 예상해 볼 수 있습니다.

그 지선이 없다면? 부동산 운이 아예 없는 것은 아니지만 브이자 모양이 좋은 예라고 보면 됩니다. 운명선에 브이자 모양이 없어도 재물선의 지선이라든가 생명선에서 나오는 노력선 등 복합적으로 봐도 괜찮습니다.

참고) 운명선에서 나오는 지선 외에 ❶재물선에서 나오는 지선 ❷자수성가선 또는 노력선 ❸감정선에서 뻗어 있는 재물선(선명하면 현 시기 관련없이 부동산운과 연관이 있습니다) 확인.

요즘 자격증에 도전하는 분들이 꽤 많더라구요. 부동산중개사도 몇 달 공부해서 합격하는 시대는 지났다고 할 정도로 어렵다네요. 주변에도 이번에 도전한 사람들이 있었는데 결과는 다 떨어졌습니다.

그렇다면 부동산업에 종사하는 분들은 어떤 분들일까요? 말을 잘 하는 사람? 인상이 좋은 사람? 영업을 잘 하는 사람? 등등 다양하겠지요.

부동산중개업을 하면서 인생상담을 병행하는 분이 있습니다. 사람들한테 사주 상담도 하고, 관상도 보고, 그러면서 좋은 물건이 나오면 전화해서 알려주곤 합니다.

잘하긴 하는데 이 분 또한 풀지 못하는 고민이 있습니다. 집을 보여주고 매매하고 거래가 성사돼야 자기도 돈을 벌 수 있습니다. 그런데 손님들이 부동산이 궁금해서 찾아오기 보다는 상담이나 수다나 떨려고 가게에 찾아온다는 것입니다. 매달 월세도 내야 하고 들어갈 돈도 많은데 자꾸 자기 문제를 떠들고 가니 어떻게 내쳐야 하는지 고민이라는 것이지요.

이렇게 사업이 잘되는 것처럼 사람이 들랑날랑하는데 실제 이야기를 들어보면 잘 안 되고 있다는 것입니다. 사업과 관련된 수성구가 잘 발달되어 있어야 하겠지요.

집을 갖고 싶은 욕심이 있다면

자기 집 하나 마련하고 싶다면 꾸준히 부동산 공부를 하세요. 동네도 그렇고 환경도 발품을 팔아 꼼꼼히 체크해야 합니다. 젊었을 때 오피스텔 월세를 내며 아까운 돈을 허비했고, 주인의 야박함에 서운했던 감정도 있었으며, 막상 내 집이 어렵게 생겼을 때 하자가 많았던 것도 생각납니다.

결국 분양 받고 이사하여 처음으로 새 집의 기운을 느끼며 3년 정도 살다 지방으로 내려왔습니다. 전세가 없어 집을 사고 나서 보니 16년 된 집이지만 그래도 지금 집이 더 좋은, 구닥다리 같은 사람인가 봅니다.

아이들한테 파주 운정의 새집이 좋으냐, 지금 헌집이 좋으냐고 물어봤습니다. 그랬더니 지금 집이 좋대요. 넓어서도 그렇겠지만 단순히 자기 방이 생겨서 그런 것 같기도 합니다.

저도 참 많이 이사를 다녔던 거 같아요. 서울 삼성동-가락동-일산 백석동-일산동-탄현동-파주 운정-전주. 그때는 두 다리 쭉 뻗고 잘 수 있는 내 집 하나 있었으면 좋겠다였는데, 부모님 손 안 벌리고 이 정도 이뤄낸 것만도 감사할 따름입니다.

땅에 욕심을 내볼까요?

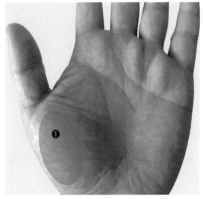

❶ 금성구가 넓다

이것이 대표적인 예입니다. 여러 지선을 보고 살펴봐도 상관없지만 가장 큰 예가 금성구입니다. 금성구가 두툼한 사람은 토양과 인연이 많습니다. 그래서 역마도 들어 있습니다. 운전을 많이 하게 되는 직업군이라든지, 운동 선수라든지 땅을 유난히 많이 밟고 살아가는 사람입니다.

금성구가 넓고 두툼하면 땅에 투자를 해서 농사를 짓는다거나 농장을 운영한다거나 과일 나무 재배 관련 쪽으로 가면 좋습니다.

땅을 가지고 있는 사람들의 손을 보면 금성구가 넓고 두툼합니다. 만약 조상의 땅을 물려 받았는데, 생명선이 가다가 끊어져 있을 경우? 그러면 자기 것으로 오래 두고 자손한테 물려주는 것이 아니라, 자기 선에서 변화가 올 수도 있습니다. 팔고 다른 곳을 살 수도 있고, 이미 고향을 떠나 살고 있다면 다시 되돌아오기를 꺼려 할 수도 있습니다. 귀향이나 귀농의 운이 약하다고 보면 됩니다.

땅에 투자해 불려서 팔고, 다시 투자하고, 이렇게 땅 투기를 하는 분들도 생명선이 짧고 두툼하고 금성구가 넓습니다. 고향 땅과 인연이 많고, 세대에 걸쳐 물려 받고, 오래 명성을 지키려 하는 사람들은 대개 생명선이 끝까지 이어져 내려오고 금성구가 넓습니다.

참고) 금성구가 두툼하고 넓지 않다면 다른 지선을 참고하는 것이 좋습니다. ❶자수성가 선이 있는지 ❷운명선의 지선이 있는지 ❸여행선 등 생명선 하단에 지선이 있는지 보면 됩니다.

· 에피소드 ·

씀씀이 큰 아내가 걱정입니다

파주 운정에 큰 땅을 갖고 있는 분입니다. GTX 세워질 곳과 가까운데 올해 내년에 좋은 소식이 있을 거 같으니 여기저기서 달려드나 봅니다. 15년 전에 평당 몇 백 주고 샀는데 지금은 배로 올랐나 보더라구요.

그렇다고 남편이 떵떵거리며 사는 분은 아닙니다. 농사를 짓고, 소일거리로 밭일을 도맡아 한답니다. 주변 친구들이 시골 친구들이라 우사를 하기도 하고, 농사 짓는 분들도 있지요.

소박하게 사는 사람인데 아내는 신세대입니다. 하루가 멀다고 쇼핑하고, 멋쟁이 소리 들으며 씀씀이가 큽니다. 주변에 사람들이 달라붙습니다. 술을 한번 마셔도 당연히 내고, 다음에 얻어 먹는 것도 고사하며 자기가 통 크게 쏘니 사람이 안 붙을리가요.

그러다보니 이 부부가 유난히 트러블이 많습니다. 남편은 티 좀 내지 말고 살라는 거였고, 아내는 내 돈 내가 쓰는데 왜 간섭이냐 이거죠. 남편은 그래야 직성이 풀리냐며 카드도 뺏고 그랬나봐요. 왜 땅부자라고 소문내고 다니냐며 자기는 절대 이 땅 죽을 때까지 팔지 않을 거라며 씀씀이 조심하라고 했다네요.

투자가 아닌 내가 일구고 먹고 살만큼 유지한다는데… 이 분은 부모님이 물려주신 땅에 더 보태서 넓힌 거라고 하더라구요. 진정 투자 목적이 아닌 생활 터전인 분인데 다들 시기하고 질투하고 부러워하고 있답니다.

이사하고 싶은 집이 생겼어요

제가 사는 전주 가까이에 구이라는 곳이 있어요. 정발산동 주택가에 있는 예쁜 집인데 2층집으로 고급지게 지어진 집이에요.

처음부터 여기로 이사하고 싶었습니다. 여러 가지 생각 끝에 물어보니 최하가 7억이더군요. 내가 사는 아파트 두 채 값이 더 넘는 가격입니다. 조용해요. 차도 잘 안 다니고, 전원주택 같은 집이지만 왜 이렇게 비싸냐 했더니 땅값이 비싸더라구요.

아이들이 어느 정도 학교에 적응하면 여기를 목표로 하고 있습니다. 전세라도 살까 했더니 전세는 아예 없고 어르신들은 한번 들어가면 아예 나올 생각을 하지 말아야 한다고 그러네요. 평생 오래 살 집으로 생각하고 가야 한다고. 나중에 형편이 좋아지면 그럴까? 고민 중입니다.

평생 돈을 못 모으나요?

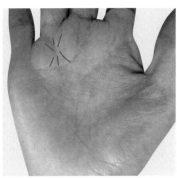

❶ 부채꼴 모양이다

부채꼴 모양이라고 해서 다 나쁜 것은 아닙니다. 인기가 많고 욕심이 있습니다. 다만 단점은 허세가 있거나 씀씀이가 큽니다. 평생 돈을 쥐고 안 놓는 사람들은 재물선이 나란히 있거나 선 자체가 말끔하고 곧습니다.

인기가 많은 사람을 보면 부채꼴 모양인지 아닌지 확인하고 조언을 해주세요. 500만 원 모으기에 도전을 하다가도 반 밖에 못 모으고, 적금을 들다가도 중간에 해지하게 되고, 거금을 받게 되면 얼마 못 가서 그것이 나가게 됩니다.

그러면 어떻게 해야 하나? 써야 할 곳에 쓴다면 누가 뭐라고 하겠습니까? 다만 자기 한도 내에서 쓸 수 있게 조언해주세요. 수입보다 지출이 더 많게 되고 카드값이 불어나 힘든 고비를 넘길 수도 있고, 투자 제의를 받고 무리하게 투자하여 낭패를 보기도 하고, 가족에게 문제가 생겨 못 받는 다 생각하고 빌려줘야 합니다.

자기 한도 내에서 쓰는 규칙적인 소비습관이 낭패를 보지 않는 방법입니다. 돈 있다 티 내지 않는 방법도 있습니다. 몰래 적금을 든다거나 주식을 하더라도 무리하게 넣고 팔고를 반복하지 말고, 진짜 없는 돈이다 생각하고 묻어 두는 게 좋은 방법입니다.

부채꼴 모양이라면 경제 관념이 먼저 박혀 있어야 합니다. 그러면 인기의 표식으로 남게 될 수 있으니까요.

참고) ❶운명선이 월구 모양에서 출발 ❷재물선이 없다 ❸운명선이 없다. 이 3가지 경우도 돈을 잘 못 모읍니다. 그리고 지출이 많고 돈 개념이 약할 수도 있습니다.

· 에피소드 ·

인기 있는 사람이라고 해서

부채꼴 모양의 손금은 인기 있는 사람이 많습니다. 주위의 시선을 의식하지 않고 관종짓을 많이 합니다. 그런데 살아가면서 연기나 가수에 대한 도전 등 다 좋은데 트라우마가 생기거나 후유증 또는 상처를 받게 된다면 이 선이 무슨 의미가 있을까요?

돈과 운이 들어오는 손금 읽기

인기선은 맞는데 그렇다고 재물 관리를 잘 하는 사람도 아니고, 내로라 하는 연예인들은 한정이 되어 있고, 이름 없는 배우나 가수들도 많습니다. 그래서 아이들일수록 경제 관념을 꼭 심어줘야 합니다. 배우의 길을 가지 않아도 다른 일을 할 수 있다는 것과 기술도 배우게 해야 합니다.

23살에 결혼해서 애가 넷인 여자 후배가 생각나네요. 아들만 넷입니다. 딸을 낳으려고 부단히 애를 쓰는데도 하느님은 아들만 주신다고 합니다.

그런데 부부가 그런 예술계였어요. 하지만 지금은 둘 다 다른 일을 하고 있습니다. 남편은 큰 차 운전을 하고, 아내는 육아에 남다른 재주를 갖고 있습니다. 안타깝다, 재주가 아깝다지만 지금이 너무 행복하고 시간이 바쁘게 흘러가니 좋다고 하네요. 만약 배우의 길로 갔다면 이혼했을 거라고 하네요. 기회가 와도 조심스러운 게 그 바닥을 서로 다 아니까 추천하고 싶지 않다고 합니다.

꿈이 있다는 것은 좋은데 그 길이 아니고 다른 길을 갔을 때도 늘 대비했으면 좋겠습니다.

나를 꼭 빼닮은 아들

제 손금에도 부채꼴 모양이 있습니다. 한 손만 그래요. 예전에는 양손 다 있더니만 다 늙어서인지 한 손만 있어요.

그걸 아들이 물려 받았습니다. 초등 고학년인데 게임도 좋아하고, 유튜브에도 관심이 많은데 뭐든 다 있어서 좋답니다. 우리 때는 네이버에 물어보면 된다고 하지만 요즘 아이들은 유튜브에서 정보를 찾고 공유한다고 합니다. 먹방도 찍고 자기 나름대로 기술을 익혀서 편집도 하고 자기 유튜브 채널도 가지고 있어요.

그런데 어느 날, 유튜브에서 감정선을 보고 짧으면 성격이 나쁘다, 검지 중지 사이로 들어가면 성공한다라는 말을 들었던 모양입니다. 이 말이 정말이냐고 물어봅니다. 너무 놀랐어요. 아이가 손금에 관심이 있구나 했더니 TV에서 타로를 봐주는 장면을 보고는 "엄마, 나도 타로 한번 보고 싶어. 궁금해. 운명을 믿어"라고 얘기하더라구요. 이 부채꼴 모양이 혹하는 게 있거든요. 한번 빠지면 그것만 생각하는 게 있습니다.

물론 목표 의식이 있으면 좋지요. 예를 들어, 갖고 싶은 물건이 있으면 그것을 위해 돈을 모은다든지, 이 경우 부채꼴 모양은 가능하거든요. 그런데 너무 맹신하는 것은 아니지 않나 싶어서 '너 자신을 믿으라'고 얘기했습니다. 열심히 설득하다 큰맘 먹고 한번 봐줬습니다.

어떻게 나왔냐구요? 아들이 심리적으로 많이 아픈 게 나와서 속상했고, 잔병치레가 많으며, 광대 기질이 있다고 나왔어요. 광대는 바보라는 의미도 있고, 이 일 저 일에 호기심이 많다는 것도 있고, 사람을 기쁘게 해주기도 하는 등 다양합니다. 두 번째 봤을 때는 좋은 카드가 많이 나와서 안심했어요.

아들에게 혹시 좋아하는 이성친구가 생기거든 무작정 고백해서 차이지 말고, 그 아이가 너에 대해 어떤 생각을 하는지 타로를 봐줄테니 꼭 먼저 물어보라고 했습니다. 아들이 다니는 학교는 작아서 금방 소문이 나니 걱정이거든요.

돈과 운이 들어오는 손금 읽기

주식에 투자해도 될까요?

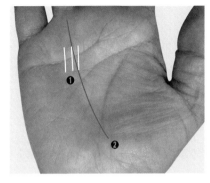

❶ 그 나이대에 재물선이
  선명해지거나 지선이 있다
  (55세 기점으로 선명해진 재물선)
❷ 약지 손가락을 향해가는 재물선이
  있다

코로나 시대에 부동산과 주식이 많이 오르고 있어서 부동산으로 돈 벌기 힘든 개미들은 다 주식으로 눈을 돌립니다.

그렇다면 주식에 투자하는 운은 어디를 보면 될까요? 가장 대표적인 것이 재물선 자체가 선명해야 합니다. 기본선(생명선, 두뇌선, 감정선)처럼 선명해지는 재물선은 돈이 왔다 갔다 한다는 의미가 있습니다. 빌려 간 돈이 들어온다든지, 거금이 나가는데 들어오는 게 정해져 있다든지, 또는 재물이 들어올 기회가 생긴다든지 그렇습니다.

장애선이 선명해지거나 또는 재물선에 지선이 막고 있다거나 하면 무리하지 않는 것이 좋습니다. 돈은 없는데 빚을 내서 투자를 하면 잠시 잠깐은 돈을 번다고 해도 되도록 빨리 빠져 나와야 합니다.

재물선의 지선은 소지와 약지 사이로 생긴 지선과 약지와 중지 사이로 생긴 지선이 있습니다. 역시 장애선이 있으면 오래 가지 못합니다. 주식을 하더라도 단타를 하라고 권하고 싶습니다. 장기전으로 오래 앉아서 하게 되면 본전만 찾아도 다행이거든요.

그 지선이 길고 곧게 올라가져 있으면 횡재운도 더러 있고, 재물을 지킬 수 있는 운도 있습니다. 그 지선이 반밖에 안 올라와 있다면 길게 보지는 마시길.

참고) ❶두뇌선에 재물선이 올라가져 있다 ❷나이대 노력선이 있다 ❸소지 손가락 나란히 젓가락 모양의 긴 지선이 있다. 이 3가지만 있어도 주식운은 있습니다.

· 에피소드 ·

지금 주식 시장은 호황일까요?

한동안 말도 안 되게 막 치고 올라간 주식이 있었습니다. 남편의 전 회사 주식입니다. 너무 올라서 팔아야 한다, 팔아야 한다 주장했습니다. 10배가 넘었으니까요.

그런데 기다려 보라고, 기다려 보라고 하더니 서서히 떨어지기 시작합니다. 막 떨어집니다. 아주 바닥까지는 아니지만 겨우 본전 정도라고 해야 할까요?

지금 주식 시장이 호황이라고 하지만 몇 종목에만 해당하는 것 같아요. 그래서 다시 그 기회가 올거라고 믿고 있는데 전 그렇지 않다고 생각합니다. 그래서 시험 삼아 지켜 보고 있습니다. 과연 반짝할 때가 올지 말지 말입니다.

주식에 통크게 투자한 분들을 보면 대단하단 생각이 듭니다. 전 아직 간이 작아서 그런지 통큰 투자는 못 하겠더라구요.

주식 투자도 제각각 그래도 공부해야

주식으로 아이의 미래를 계획하고 계신 분들이 많더라구요. 작게는 50만 원부터 시작해 많게는 놀랄만한 금액까지 부업처럼 하는 분이 있습니다.

컴퓨터 세대를 잘 모르긴 합니다만, 신세대 딸내미가 아빠의 퇴직금을 관리하며 주식 투자를 했는데 오래 한 거 치고는 별 소득이 없었다고 해요. 예전에는 퇴직금으로 집 한 채 사서 전세나 줬으면 했는데 엄마 말은 안 듣고 굳이 대기업 주식에 몰빵을 했더랍니다. 바닥을 치고 있을 때 부부싸움을 얼마나 했는지 모른다고 합니다.

지금은? 그 대기업 주식이 잘 나가고 있는 것은 아니에요. 그냥 '쏘우, 쏘우' 그런대로 원상복귀 중이라고 합니다. 주식만 10년을 넘게 하고 있는 듯합니다.

그런데 아이들 학교 보내고 주식을 열심히 하는 아주머니도 봤고, 또 80이 넘은 할머니가 직접 증권 계좌를 만들어 취미 삼아 하는 분도 봤습니다. 참 대단하다는 생각이 들더라구요.

하루 종일 매어 있어야 하는 거 아니냐 하는데, 장기 투자를 목적으로 하는 분들은 티 안 나게 하고, 주 수입으로 굴리는 분들은 며칠을 밤샘하는 거 같더라구요. 자신의 직감으로 넣고 빼고 해야 하는데, 차트를 보면 읽힌다고들 하는데 그것도 공부해야 한답니다.

투잡하면서 돈 벌어야 하나요?

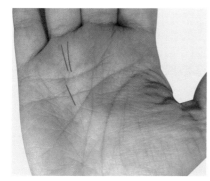

❶ 재물선이 나란히 두 개다

재물선이 나란히 두 개면 투잡을 하지 않아도 맞벌이가 많습니다. 그런데 결혼하지 않은 사람들의 경우 재물선이 두 개라면 전문가의 기질을 갖고 있습니다. 본업 외에 부업을 준비하는 것도 좋습니다. 자격증 시대이니만큼 자격증이 있다면 프리랜서처럼 주말에 일을 해도 좋고, 자기 일 외의 짜투리 시간을 활용해도 좋습니다.

재물선이 나란히 두 개면 의학의 길과 기술의 길, 두 가지가 해당이 되기도 하는데 기술에 비중을 더 두고 자격증에 도전하여 후에 투잡으로 이어진다면 좋겠네요.

지금 직장이 오래 다닐 수 있는 상황이 아니라면 자격증에 도전해 보세요. 부업이 본업이 될 수도 있고, 더 나아가 자기 사업에 도전할 수도 있기 때문입니다. 투잡을 하지 않아도 투자개념으로 작게나마 재테크하는 경우도 있습니다. 결혼을 하면 배우자의 수입 관리를 내가 한다든지, 두 군데에서 수입이 들어오는 경우도 있고, 임대 관련 수입으로 월급 외에 세를 받을 수도 있습니다.

참고) 투잡이니까 운명선이 나란히 두 개면 더 좋겠지요? 맞습니다. ❶운명선이 나란히 두 개인 지점이 있다 ❷ 운명선이 여러 가닥으로 올라가져 있다.

· 에피소드 ·

부업도 다양하죠

일이 좋아서 투잡을 하는 사람은 없을 거에요. 한 아주머니는 인형 단추 구멍을 박아주는 것에서부터 화장솜, 또는 투명 케이스 담는 것 등 다양하게 부업을 하고 있습니다. 애들은 다 컸고 시간은 아깝고, 심심해서 시작했다지만 한달에 많이 벌어야 일반 사무직 벌이 정도도 안 된다고 합니다.

반면, 밤에 야간 대리운전이나 택배 등으로 생활비나 목돈을 충당하는 분도 있어요. 얼마나 오래 할 수 있을까요? 아주머니는 7년째 그 일을 하고 계시고, 밤새 대리운전을 하는 분은 3년째라고 하더군요. 꾸준히 하기 힘든데 그래도 밤에 움직이는 일이라 피곤하지만 운동도 되고 돈도 된다며 오래 하시더라구요. 건강만 허락한다면 계속할 거라고 합니다. 손이 거

칠어지고 손금도 진해지며 굵어지고 대단하단 생각이 들었습니다.

그러고 보면 저도 부업을 하고 있네요. 물론 본업은 가사지만 상담하고 책 쓰는 일은 부업일 수 있겠죠. 부업선이 있냐구요? 네, 있습니다.

한때는 빨리 안정 되고 싶은 마음에 직장생활도 하려 했는데 어딜 가나 오래 버티지 못하더라구요.

가난하게 태어난 것은 당신의 실수가 아니다.
그러나 죽을 때도 가난한 것은 당신의 실수다.

_ 빌 게이츠 _

2장

연애복

연애복 선의 의미

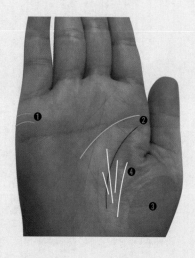

금성대(파란색)가 있으면 매력이 많고 다재다능해서 연애를 못해도 이성이 잘 따릅니다. 인기가 많다고 할 수도 있는데 그냥 바라만 보는 인기로 끝낼 수 있는 것인지 아니면 서로 눈맞춤이 있는지는 다른 선도 봐야 합니다.

결혼선(비취색)①이 2개 이상 있으면 이성운이 있습니다. 선명한 것 위에 두 개가 있으면 연상이 어울리고, 선명한 것 밑에 두 개가 있으면 연하

돈과 운이 들어오는 손금 읽기

가 어울립니다. 결혼선이 진하게 한두 개 정도면 이성이 잘 다가오지 않고 또 한 번 헤어지고 나서 오랫동안 공백기를 가질 수도 있습니다. 결혼선이 너무 늦게 있으면 이성에 대한 관심이 늦게 트이고 늦게 결혼하게 될 수도 있습니다. 물론 이 선만 보고 판가름하면 안 되고 다양하게 봐야 합니다.

생명선과 두뇌선(노란색)의 떨어짐❷은 20대 초반이나 그 전에 연애를 하게 될 수도 있습니다. 그런데 다른 지선이 발달되어 있지 않으면 오랫동안 사랑에 대해 믿지 못하거나, 하고 싶지 않다거나 외골수의 기질이 강할 수도 있습니다. 자유분방함을 존중해주거나 취미가 잘 맞으면 오랫동안 사랑할 수도 있고 의외로 오래 갈 수도 있습니다.

금성구(황토색)❸가 넓으면 연애를 안 하면 무척 외로움을 잘 타는 사람입니다. 남자가 더 심할 수도 있는데 여자도 못지 않습니다. 생명선이 가다가 말았다면 연애에 대한 집착이 그리 강하지도 않지만 초반에 냄비처럼 뜨거웠다가 바로 식는 경우라고 한다면, 생명선도 굵고 금성대도 넓으면 스테미너도 강하고 사랑에 고달픔이 길어지면 힘들어 합니다.

생명선의 지선, 자수성가선, 노력선이 겹겹이 내려가는**(하얀색)❹** 영향선이 있습니다. 노력선은 시험에 합격하는 희소식도 되지만 연애 시기도 됩니다. 특히 생명선과 겹겹이로 따라 내려가는 생명선 옆 지선은 영향이 큽니다. 이 선이 있다는 것은 내가 연애 중이라는 의미도 되고 좋아하는 사람이 있다는 의미도 됩니다. 이 지선이 노력선으로 마무리되면 그 사람과 결혼이 이어지기도 합니다. 장애선으로 마무리되면 헤어질 수도 있습니다.

헤어지면 생기고
도대체 어떤 매력이 있길래?

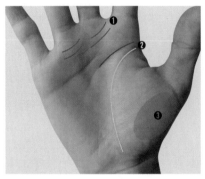

❶ 금성대가 있다
❷ 생명선과 두뇌선이 떨어져 있다
❸ 금성구와 생명선이 발달되어 있다

금성대가 발달❶되어 있으면 매력이 많다고 했지요? 거기에 ❷생명선과 두뇌선의 떨어짐 그리고 ❸생명선이 완만하게 이어져 내려가고, 그 옆에 금성구가 발달되어 있으면 애교가 있습니다. 결혼선이 연하면 헤어졌다 다시 만나고 또 다시 만나고를 반복할 수도 있습니다. 운명선이 없어서 어디로 튈지 모르는 탁구공 같은 매력을 갖고 있기는 한데, 오는 사람 안 막고 가는 사람 안 잡는다고 보시면 됩니다.

요즘은 이런 연애가 비일비재해서 아쉽긴 하지만, 첫사랑 같은 그런 감성은 찾아 보기 힘든 손금이라고 보시면 됩니다. 감정선도 중지 선상에 멈춰 있고, 양갈래로 나눠져 있어서 자기밖에 모르는 연애를 하게 됩니다.

헤어지고 쿨하게 다시 연애하고

헤어졌다며 펑펑 울던 아가씨가 있었어요. 다시 오냐, 안 오냐부터 시작해서 다시 도돌이표 질문이었습니다. 관심은 오로지 그거 하나였는데 다시 돌아온다는 이야기를 듣고 싶었던 모양입니다. 상담하는 입장에서도 '제발 그만해라. 나라도 떠나겠다'고 할 정도로 진상이었던 분이라 강하게 기억에 남았습니다.

석 달 정도 지나고 나서 이 여성이 다시 상담 신청을 했습니다. 궁합을 봐달라는 것이었어요. 사람이 바뀌었습니다. 너무 신기했어요.

아! 이 매력선이란, 생명선과 두뇌선의 떨어짐이 이렇게 크게 작용하는구나. 연애를 시작하면 제대로 된 연애를 하고 싶어 몰두하지만, 헤어지고 그 충격이 커서 헤어나오지 못할 줄 알았는데 또 쿨하게 다른 부류의 사람을 만나게 됩니다. 헤어졌다고 힘들다고 술 사달라고 만났던 후배가 그럼 자기는 어떠냐고 고백했다고 합니다. 후배의 진솔함에 감동해서 사귀게 되었다네요.

특이한 손금도 많아 전체적인 삶을 살펴야

40이 넘어도 인연이 안 들어오는 사람들을 보면, 특이한 손금이 많다는 걸 느꼈습니다. 막쥔금이거나 선이 하나 더 있거나, 이 선인가 하고 헷갈릴 정도로 두세 개 겹쳐 있거나, 결혼하고는 거리가 점점 더 멀어지고 연애 세

포가 다 죽은 거 같다고 이야기합니다. 다시 도전하고 싶은 마음도 없습니다. 그냥 혼자 사는 게 세상 편하고 좋다고 하다가도 또 어느 날은 우울하다 힘들다고 이야기합니다. 그렇다고 당장 마음에 드는 사람도 없고 막상 만나도 조건을 생각하게 되고, 내 조건도 별로니 자신감도 없고.

비구니 스님을 만나서 이야기를 나눈 적이 있어요. 차를 마시면서 우연히 손을 보는데 결혼선이 많은 겁니다. 결혼선이 많다? 아니 없어야 하는데 왜 이렇게 많지? 좀 답답해서 아예 손금을 보여달라고 했습니다. 보아하니 손금이 깨끗하고 잔선이 없고 운명선도 약하고 매력선? 생명선과 두뇌선 떨어짐? 전혀 없었습니다. 그냥 결혼선만 많은 것이었습니다. 결혼이나 이성에 대한 관심이 전혀 없는데도 결혼선이 많아서 연애를 해본 적이 있냐고 물어봤습니다. 그랬더니 전혀 없다네요.

그래서 이유를 곰곰이 생각해보았습니다. 여승이라고 했지요? 결혼선은 자식선도 되지요? 그 분이 청각 장애우들의 직업을 알선하는 일을 하고, 방송 수화를 하고, 남자들이 많은 곳에서 일을 하고 있었습니다. '결혼선이 많다고 해서 인기가 많은 것이 아니구나'라는 것을 배웠네요.

난 왜 안 생기는 걸까요?

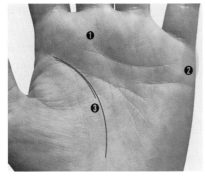

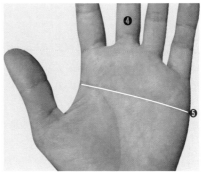

❶ 감정선이 짧다
❷ 결혼선이 약하다
❸ 생명선이 가다가 연하거나 없다
❹ 피부가 하얗다
❺ 손금이 특이하다(막쥔금)

생명선이 연하거나 약하면❸ 오래 갈 수 있는 연애가 드뭅니다. 짝사랑을 많이 하기도 하고, 자존감이 낮아서 누군가를 의지해야 하는데 먼저 고백하는 것도 부끄러워 합니다. 두뇌선이 짧거나 ❶감정선이 짧은 경우에 누군가를 좋아하면 즉흥적으로 밀어 부치면 그만인데 그런 배짱도 없습니다. ❷결혼선이 없으면 인연이 잘 찾아오지도 않습니다. 기회가 없다고 볼 수도 있고 억지로 만들더라도 이어지기 힘듭니다.

❹오른쪽 손처럼 피부가 하얗고 단순하며 ❺막쥔 손금도 선이나 소개 등 적극적으로 움직여야지 그렇지 않으면 늦게 이성이 트인다거나 내내 관심이 없을 수도 있습니다. 자기 관리에 여념이 없고 누군가 신경 쓰는

게 부담으로 다가와서 인연을 이어가기 힘들 수도 있습니다.

· 에피소드 ·

연애도 손뼉이 맞아야 하는 법

썸? 지나가는 버스? 스쳐가는 인연? 오래 연애를 못했던 분들에게도 하나같이 잠깐씩 청신호가 올 때가 있더라구요. 여행가서 가이드와 썸이 잠깐 있었는데 나이 차 때문에 완강하게 거절했다고도 하고, 카페 사장이 자신한테 관심을 표했는데 그 마음을 늦게 알아차린 적도 있었다고 합니다.

여러분은 그런 경험을 한적 있었나요? 내가 사인을 보냈을 때 상대가 이런저런 이유로 거절 의사를 보여 사이가 어색해지거나 연락처를 차단당한 경험이 있나요?

왜 이어지지 않을까? 도대체 왜? 자신한테 무슨 문제가 있는 거 아니냐고 반문한다면 당연히 문제 있습니다. 손금에도 문제가 있는데 그 성격이 어디 갈까요? 이성에 늦게 눈을 떴을 때는 나이 탓을 하고, 나이에 비해 이룬게 없다며 누군가를 만난다는 게 자신 없다는 분도 있습니다. 연애는 손뼉이 맞아야 하는 법입니다.

그러면 이런 손금이라면 연애는 못 하나요? 하지 말아야 하나요? 그렇지도 않습니다. 양손 다 비슷한 손금이면 운명이거니 할 수 있지만, 양손이 다 다르면 희망이 있으니 한 손만 보고 낙담하지 말기 바랍니다.

돈과 운이 들어오는 손금 읽기

연애할 때 너무 잘해도

생명선과 두뇌선의 떨어짐은 요즘 세대에 많이 볼 수 있는 흔한 손금이 되었습니다. 연예인도, 자기 전문적인 일을 하는 사람도 그렇고, 의외로 많습니다. 책 한 권 낼 정도로 사연 있는 사랑을 하는 사람도 봤고, 남자가 놔주지 않아서 힘들게 이혼하는 사람도 봤습니다. 외국인이나 교포와 결혼해서 해외로 나가는 사람도 봤지만, 중요한 것은 마지막까지 이어지는 사랑이어야 하는데 그렇지 않다는 것입니다.

분명 슬럼프가 오는데 이를 잘 넘기는 사람은 별거하다가 합친 사람도 있고, 어떻게든 참을 인(忍) 자를 가슴에 새겨두고 자식만을 보고 사는 사람도 봤습니다. 초반에만 잘해주다가 결혼하니 안 그렇더라가 결론인데 결혼은 둘이 하는 것이 아니라 가족끼리의 결혼이니 금이 가기 시작하더라구요.

사람들이 의식하는 것이 생명선과 두뇌선의 떨어짐입니다. 연애할 때 과도할 정도로 잘해주면 의심해야 합니다. 그것을 믿고 즐기다 보면 믿는 도끼에 발등 찍힌다는 말이 맞습니다. 진중한 사람인지 판가름 나지 않으면 꼭 지인에게 보여주고 객관적으로 평가할 수 있게 하세요.

내 연애 상대자가 생명선과 두뇌선이 떨어져 있다면, 이벤트를 좋아해서 하려면 끝까지 가야 합니다. 감동은 잔잔하게 오래 가야 하는데 한방, 한방 하다 보면 그릇이 커지게 되고 후유증이 오래 갑니다. 헤어질 때 내가 사준 거 다 내놔, 이럴지도 모른답니다.

한 번 인연이 오래 가는 나

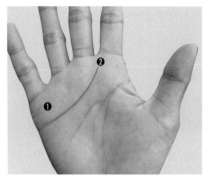
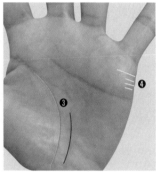

❶ 결혼선이 선명하게 두 가닥 있다
❷ 감정선이 중지 검지 선상에 곡선형이다
❸ 운명선이 생명선과 간격이 좁거나 중지선상에서 올라간다
❹ 결혼선 밑에 실선이 있다

가장 먼저 봐야 할 것은 결혼선이 나란히 선명하게 두 개❶ 있어야 인연이 오래 갑니다. 동창에서 연인으로 결혼까지 발전할 수 있습니다. 감정선이 곡선형❷도 배신을 잘 못합니다. 한 번 맺은 인연을 소중하게 생각합니다. 사랑이 정으로 바뀌어 의리로 끝까지 책임지려 합니다.

손목 위에서 올라가는 운명선이나 생명선에 근접해서 올라가는 운명선 ❸은 역시 보수적인 내 성격을 나타냅니다. 그래서 한 번 맺은 인연을 가족같이 지켜주고 오래 갑니다. 결혼선 밑에 있는 연한 실선❹ 역시 오래 알게 되는 이성 친구가 있다거나 오래 가는 연인이 있다는 의미입니다.

인연의 끈은 돌고 도는 것

어쩌다 사랑해선 안 될 사람을 만났는데도 자기 때문에 이혼하고, 자기 역시 결혼하고 세월이 지나 또 다시 만나지는 인연이 있습니다. 결혼선에 연한 실선이 있더라구요. 서로 많이 사랑하고 좋아합니다. 나이 먹어도 이 인연이 오래 지속 되는 것에 감사하고 있네요.

반면, 부모의 반대로 헤어지고서 한쪽은 잘 살고 있는데 한쪽은 그리워합니다. 예전으로 되돌리고 싶고 돌아올 수 있냐고 묻는 경우도 있습니다.

결혼하고 나서도 인연이 계속된다는 것은 무슨 운명일까요? 남자는 여자가 가정을 버리고 나오는 걸 별로 좋아하지 않습니다. 그냥 친한 지인으로 오래오래 볼 수 있는 게 낫지 않냐고 하는데 여자는 그렇지 않아요. 이혼하고 해보지 못한 결혼을 하거나 같이 살고자 하는 욕심도 있습니다.

이혼하고 나서 첫사랑을 만났다는 분도 있는데 서로 바쁘다 보니 가끔 생일을 챙겨주는 인연으로 만나기도 합니다. 평행선을 달리고 있는 듯한 이 느낌이 싫다는 여자는 열정적으로 그 사람이 다가왔으면 하는 바람이 있더라구요. 이런 이야기는 40대 후반, 50대에서나 들을 수 있는 이야기들입니다.

인연의 끈은 돌고 도는 걸까요? 어떻게 지내고 있을까? 헤어질 때 자존심도 버리고 붙잡아 보았지만, 상대가 마음이 떠났다는 걸 알고 결국 놓아줘야만 했던 그런 아픔은 누구나 겪어 봤을 것입니다. 후회하지 않게 연애하고, 싸우고 오랜 동안 안 보다가 다시 만나 사귀기도 하고, 끝이 좋지 않은 연애도 했을 것입니다.

요즘은 카톡이나 SNS 페이스북 등에서 얼마든지 찾을 수 있다지만 아날로그 세대 사람들은 시간이 지나 어떻게 지내고 있는지 궁금하다고 이야기합니다. 추억에 젖어 그때가 좋았다고 하신 분들은 지금 현재에 만족하고 여유도 생기니 그때가 생각난다고도 합니다.

요즘 세대는 헤어지면 어디 너 얼마나 잘 사나 두고 보자. 내가 먼저 결혼할 거다, 내가 먼저 연애할 거다. 오기를 부리기도 하고 가끔 카톡 사진을 확인하며 억울해하기도 합니다.

남자든 여자든 사랑하는 사람과 만나고 헤어진 두 배 만큼의 시간이 흘러야 그 사람을 놓거나 다른 사람을 만나거나 하더라구요. 예를 들어, 내가 이 남자랑 2년을 사귀었다면 4년 동안 애인이 안 생긴답니다. 그 안에 소개팅을 하고 누군가를 만나도 예전 감정이 되살아나거나 그 사람이 잊혀지지 않는다는 것이죠.

일편단심형
다른 사람은 안 보이는 나

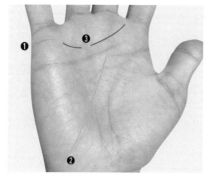

❶ 결혼선이 하나다
❷ 월구에서 운명선이 올라간다
❸ 금성대가 있다

결혼선이 선명하게 한 개❶이거나 연하게 한 개이면 일편단심형입니다. 한 사람한테 올인하고 잘하려고 합니다. 결혼선이 늦게 시작하면 늦게 결혼하는 것이 맞는데 일찍 결혼한 사람도 있습니다. 그러면 배우자의 나이가 어느 정도 있을 수도 있다는 거 참고하시면 됩니다.

한 사람을 만나 그 사람한테 올인하느냐? 상대에 따라 다르겠지만 이혼하거나 별거 중임에도 다른 사람과 두 번 결혼하지 않는다고 보면 됩니다.

매력선 즉 금성대❸가 있다는 것은 그 사랑에 충실합니다. 취미 활동도 존중해주고 또 나를 사랑해주기를 바라는 사람입니다. 운명선이 월구❷에서 시작하면 감성적이고 푹 빠지는 사람인데 두뇌선도 마찬가지입니다.

선이냐 소개냐? 아니면 자연스런 연애냐?

SNS 문화가 발달하면서 자신의 프로필을 기재하고 일명 비슷한 사람끼리 만나려고 노력한다는 글도 자주 보는데 그렇게 만나면 좋을까요? 물론 게임하다 만나 결혼하기도 하고, 채팅에서 만나 결혼에 골인했다고 하는 등 다양한 만남이 있습니다.

우연히 친구 소개로 만났다거나 취미 활동을 하면서 만났다는 그런 인연은 손금에 나올까요? 나옵니다. 손목에서 올라가는 운명선은 소개로 만나는 확률이 더 많습니다. 월구에서 시작하는 운명선 또는 제2화성구에서 올라가는 운명선은 소개보다는 취미 활동이나 레저 활동, 아니면 모임에서 만나게 됩니다.

결혼선이 하나이거나 약하다면 적극적이지 않는 한 인연을 만나기 힘드니 연애를 하고 싶다면 자신이 적극적으로 나서야 합니다.

생명선이 진하고 잘 내려가 있는 사람은 활동가이기 때문에 취미나 코드가 잘 맞는, 그리고 내 성격을 잘 이해해주고 받쳐주는 사람을 만나야 마음고생 안 하고 잘 살게 된답니다.

연상이냐? 연하냐?

결혼선이 나란히 두 개면 동갑이나 나이차가 별로 나지 않는 사람을 만납니다. 생명선과 두뇌선의 떨어짐은 연하를 만나게 되는 확률이 많습니다. 남자라면 연상녀를 만나게 될 수도 있구요.

생명선과 두뇌선의 떨어짐은 동갑을 만나면 힘들어집니다. 성격 차이가 있을 수도 있습니다. 연하를 만나서 내 성격을 받아주느냐, 아니면 연상을 만나서 나를 보호해주느냐의 선택입니다.

옛날 어른들은 생명선과 두뇌선의 떨어짐을 별로 좋아하지 않았습니다. 이혼한다고 하고, 애를 낳으면 사이가 멀어진다고 했대요.

그런데 요즘 젊은 친구들의 손금, 특히 예술이나 예능, 디자인, 배우를 하는 분들을 보면 생명선과 두뇌선의 떨어짐이 많습니다. 그만큼 개방된 시대에 살고 있으니까 또 여자도 활동을 많이 하니까 그럴 수도 있겠다 싶습니다.

그러나 옛날 말 틀린 말 없다고 하잖아요. 자식 낳고 배우자랑 멀어질 수도 있는 법이고, 뜻하지 않게 이혼의 갈림길에 서 있을 수도 있으니까요.

내가 생명선과 두뇌선이 떨어진 사람이라면 자기 일만큼 자기 가정도 지킬 줄 알아야, 그리고 상대를 자기만큼 사랑하고 챙겨줘야 극복할 수 있다는 점을 참고하시기 바랍니다.

당신이 사랑받고 싶다면
사랑받을 만한 가치가 있는 사람이 되어라.

_ 푸블리우스 오비디우스_

3장

인복

인복선의 의미

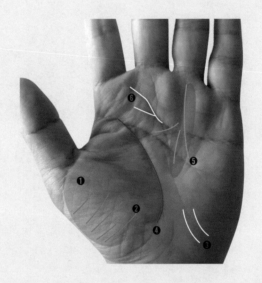

금성구(황토색)❶의 발달은 정이 많은 사람입니다. 거절해야 할 때도 칼 같이 잘라내지 못합니다.

금성구에 있는 초록색❷은 인복선을 의미합니다. 인복선이 굵고 길면 오래된 인연으로 이어질 수 있지만, 짧거나 연하면 잠깐 잠깐의 인연이 있다고 보면 됩니다.

월구의 지선(하얀색)❸ 부분은 귀인을 의미합니다. 뜻하지 않게 나를 도

돈과 운이 들어오는 손금 읽기

외주는 사람이 나타난다거나 힘들 때 나를 끝까지 믿어주고 지원해주는 외부의 사람이 있다고 보면 됩니다.

생명선(빨강색)❹이 굵고 선명하면 다정다감하고 사람이 좋다는 소리를 듣습니다. 그에 못지 않게 나 역시도 사람과 더불어 살아가기 때문에 일 자체도 사람을 상대하는 일을 할 정도로 그 인연을 소중하게 생각합니다.

태양구 및 재물선 부근(보라색과 파란색)❺은 인기와 인연이 있습니다. 재물선이 젓가락 모양처럼 서 있는 것보다 활선처럼 휘어져 올라가면 태양선이라고 합니다. 태양선의 발달은 인기와 명예 그리고 인복이 있습니다. 사람이 날 찾는다는 의미이기 때문에 연예인도 그렇고, 사람을 상대하는 사람도 그렇고, 사람으로 인해 성공한다고 보면 됩니다.

감정선의 끝 모양(하얀색)❻이 두 가닥이면 명예와 관련 있습니다. 이름을 날리는 것도 되지만 명성으로 인해 두각을 나타나기도 하고, 늘 뒷받침이 있으니 성공하게 되겠지요? 끝 모양이 두가닥 이상 3가닥 4가닥이면 희생과 봉사를 의미합니다. 내가 더 희생하고 살아야 하는 것이지만 두 가닥은 희생하지 않아도 뒷받침이 되어주는 선이라고 보면 됩니다.

나는 인복이 있는 사람일까?

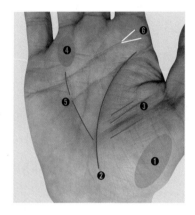

❶ 금성구가 두툼한 사람
❷ 생명선이 중지 손가락 이상 온 사람
❸ 금성구 가로선이 많은 사람
❹ 태양구가 발달되어 있는 사람
❺ 태양선이 발달되어 있는 사람
❻ 감정선 끝이 두 가닥인 사람

이6가지 중 4~5가지만 봐도 인복이 있습니다. 다 있으면 아주 좋지만 그중 생명선과 금성구가 두툼한 사람❶은 사람을 너무 좋아해요. 인맥으로 산다고 해도 과언이 아닙니다. 그래서 직장생활을 할 때는 영업쪽이 잘 맞고, 사람을 상대하는 서비스 업종이 잘 맞습니다.

금성구의 생명선이 두툼하다면 대부분 남자들이 그렇습니다. 남자들 중 섬세하고 꼼꼼하고 예민한 잔선이 많은 사람이어도 생명선이 중지 선상❷에 넘어가 있으면 가능성은 있지요. 은둔 생활을 하는 직업, 예를 들어 작곡이나 작사, 예술 방면이어도 늘 귀인이 있고 챙겨 주는 사람이 있어서 일이 끊이지 않는다는 장점이 있습니다.

❸금성구의 가로선은 엄지 손가락은 부모님을 말하고 조상을 말합니다. 그래서 유년시절의 인복을 이야기하고, 생명선에 닿을 정도의 가로선은 말년의 인복을 이야기합니다.

유년시절에 친했던 친구와 지금도 연락하고 지내는 30대 이후의 남녀들을 보면 진한 선들이 몇 개 있습니다. 숫자로 몇 명이냐 그런 게 중요한 게 아니고, 죽을 때까지 이 사람과 연이 닿을까 하고 이해하면 됩니다.

코로나 시대, 악수하는 것도 실례가 되어버린 요즘입니다. 전에는 악수를 하면 상대의 금성구 두툼 정도를 알 수 있었는데… 그마저도 어려우니 손바닥 좀 봅시다 할 수도 없고 느낄 수도 없습니다. 자신의 손바닥이 얇은지 두툼한지는 충분히 가늠할 수 있으니 확인해 보시기 바랍니다.

❹❺태양구가 발달되어 있는 사람은 사회적으로 인기가 많은 사람입니다. 그 인기가 유년시절보다는 나이가 들수록 많아지는 것이기 때문에 노후에 외롭지 않다는 장점이 있습니다. 어려운 일이 있으면 발벗고 나서주는 지인도 있고, 항상 나를 챙겨주고 찾는 이도 있습니다.

나이가 50대 이상인 분들은 상담할 때 복 중에 가장 좋은 복이 인복이라고 강조하는 손님도 있습니다. 여러 이야기를 들어보면 어렸을 때는 와닿지 않았는데 40대가 넘어서면서부터 인복의 위대함을 알게 되더라구요.

사업이 폭망했는데 발 벗고 나서주는 사람 없이 피하기만 하고, 가족들에게 마저 신용을 잃고 누구 하나 도와주는 사람 없이 괴로워 할 때, 내 실력을 믿고 다시 재도전하라고 밀어주는 지인이 있다는 것은 얼마나 다행한 일일까요? 직장을 잃고 방황하고 있을 때 인맥이고 빽일 수도 있지만 같이 일해보지 않겠냐고 제안하는 지인이 있다면 어떨까요? 이래서 인복이 크게 와 닿고 감사하게 느껴지는 건지도 모릅니다.

감정선이 두 가닥❻인 사람은 이름을 날린다는 의미가 강합니다. 그래서 정치나 권력 쪽에 욕심도 있고 가능성도 있습니다. 올라갈 때까지 갈 수 있다는 의미인데, 이 역시 인복의 도움이 있다고 보면 됩니다.

진급을 하는데 윗사람이 나를 잘 봐준다거나 도와줄 수도 있고 아랫사람의 신망을 얻을 수도 있습니다. 다른 선은 다 부족한데 감정선만 두 가닥이라면 주변에 많은 사람들이 있어도 외로움을 타고 비밀이 많은 사람입니다. 겉과 속이 다르다고 표현합니다. 겉으로는 멀쩡하고 매너 있고 예의 바르지만 속으로는 남한테 아쉬운 소리 못하고 비밀이 있고 고민이 있고 사소한 것에 목숨을 걸기도 합니다.

어쩌면 내재되어 있는 감정이 예민하고, 자신의 집안일이나 가정사에 부끄러움 또는 흑역사 같은 것은 절대 발설하지 않습니다. 명예가 올라갈수록 더 심하지요. 외로워서 혼술을 많이 하기도 합니다.

· 에피소드 ·

작은 격려라도 힘이 된다면

코로나가 터지기 전, 집안의 가장이었던 40대 남자는 바지 사장 같은 것을 했는지 자신의 직업에 관한 이야기는 절대 하지 않았어요. 떳떳하지 못한 일을 했을지도 모르겠단 생각이 듭니다. 딱히 명함이라고 내밀지도 않

돈과 운이 들어오는 손금 읽기

왔고 사업의 막바지에서 찾아온 사람이었습니다. 건장하고 체구도 커서 운동 선수라고 했어도 잘 어울릴 법했는데, 젊을 때 축구를 하다가 인대가 끊어져 관두고 이 일 저 일을 하고 다녔다고 합니다.

그런데 아무것도 할 엄두가 안 난다고 해요. 지치고 힘들고 빚에 쪼들리고 독촉전화도 오고… 복채도 빌려서 왔다고 할 정도였습니다.

그런데 타로점에서 돌아다니는 일이 많은 카드가 나왔어요. 그래서 혹시 도망다니냐? 돌아다니는 일을 하고 있을 거 같다고 하니 대리운전도 하고 배달업을 하는데 사장이랑 너무 안 맞아서 자기가 따로 차려서 하고 싶다고 합니다.

이게 정말 마지막일 거 같고, 이것마저 망하게 되면 노숙자 생활을 해야 할 지도 모른다고 했습니다. 안타까워서 그랬는지 몰라도 좋게 얘기해주었습니다. 해 보시라고, 정말 잘 선택했다고 격려해주었습니다.

코로나가 터지고 1년이 다 되어 가니 그 분이 생각나네요. 이 분은 발에 불을 달고 돌아다니고 있을 거다 생각하니 안심이 되어요. 승승장구하고 계실 거라 믿어 의심치 않습니다.

말 한마디에 감동이 철철

친척 오빠가 있는데 술은 잘 못 마시는데 사람을 좋아하고 말이 많고 보수적입니다. 술 한잔하고 우리집으로 술을 또 사갖고 왔어요. 밤 1시 넘어까지 이야기를 나누며 맥주 한잔을 했는데 옛날 추억 이야기도 하고, 직장생활을 하며 고생한 이야기도 합니다.

슬쩍슬쩍 손을 움직일 때마다 손금을 봤더랬죠. 금성구가 엄청 발달되어 있었습니다. 시골에서 자라면서 농사일도 거들어서 그런지 돌아가신 외삼촌이 강하게 키우신 게 보였어요. 우리 친오빠보다 더 말이 잘 통한다고 하면 말 다 했지요. 저를 많이 챙겨주고 아껴줍니다.

"박 서방, 잘 되면 우리 소영이 좋은 차 사주게"라고 합니다. 내가 운전하는 것을 신랑은 탐탁지 않아 합니다. 내가 순해 빠져서 누가 차 보고 접근해서 사기를 칠까 봐 그렇다고 하니 "내가 뒤에 있는데? 내가 버티고 있을 건데?" 하면서 걱정말라고 합니다. 그 말에 감동, 감동하였습니다.

친오빠는 술 먹고 오면 진짜 몇 마디 안 합니다. 말을 걸어야 대답하는 정도인데 친척 오빠는 말도 많고 리드를 잘해요. 그래서 들어주는 입장에서 재미지다는 얘기지요.

손금에 자세한 선은 못봤지만 오빠 관상에서 귀가 참 작아요. 너무 작아요. 그래서 절대 사업을 하면 안 되겠구나, 사업한다고 하면 말려야지 했는데 평생 직장생활을 할 거라고 합니다. 사업이 맞지 않는다고 본인 입으로 이야기하네요. 그 말에 안심했습니다. 그럼 귀가 작은 여자들은 어떻게 하나요? 남편을 잘 만나야 해요. 안 그러면 평생 희생하며 산답니다.

귀인운이 있을까?

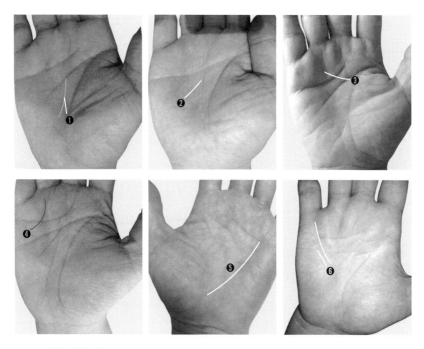

❶ 운명선에 지선이 생명선 쪽에서 붙었다
❷ 운명선에 지선이 월구나 새끼손가락에서 붙었다
❸ 재물선에 지선이 생명선 쪽에서 붙었다

❹ 재물선에 지선이 새끼손가락 밑에서 붙었다
❺ 사업선에 지선이 생명선 쪽에서 시작한다
❻ 사업선에 지선이 바깥에 더 있다

1 ❸번 ❺번은 안쪽에 붙어 있어서 집안의 도움이나 친인척의 도움이 있습니다. 그리고 ❷번 ❹번 ❻번은 바깥의 지인이나 사회활동을 하며 지내는 사람들 중에서 귀인이 될 수 있습니다. 친인척의 도움으로 가족 사업을 이어갈 수도 있고 그 안에서 직장생활을 할 수도 있으며, 아버지

밑에서 가업을 물려받을 수도 있습니다.

가장 믿을 사람은 가족 밖에 없다며 가족 사업을 하는 사람들이 정말 많아졌습니다. 나한테 이런 기회가 왔을 때 잡아야 하나 말아야 하나 고민할 때, 이런 지선이 붙어서 잘 올라가져 있으면 참 좋습니다.

반대로 사회에서 만난 사람이 귀인인지 아닌지를 볼 때도 끊어짐이 없이 붙어서 1센티든 올라가 있으면 좋습니다. 손금에서 1센티는 몇 년의 세월을 뜻하기 때문에 같이 이루어나가도 됩니다.

이 사람이 귀인인지 아닌지는 사주팔자로 보는 것이 정확합니다. 그런데 내 손금만 보고서 유혹이 많다면 손금만 보지 말고 상황을 잘 살펴 보고 가족과 상의하는 것이 첫 번째입니다. 사회생활을 하다 보면 별일이 많으니까요. 정말 좋은 사람인 줄 알았더니 뒤통수치는 사람도 있고, 이중인격으로 행동하는 사람도 있고, 다른 사람이 아니다 할 때 이미 세뇌되어 그 사람의 말만 호의적으로 받아들이는 사람도 있어요.

그런데 어른들 말씀은 다 진리는 아니어도 맞는 말이 참 많습니다. 내 인생을 걸고 귀인과 함께 뭔가 만들어가야 하는 거라면 상담도 좋지만 가족에게 떳떳하게 공개하고 함께 의논하는 것이 좋습니다.

· 에피소드 ·

귀인인 줄 알았더니

정말 좋은 사업이라며 그 사업 준비만 2년째 4억 넘게 투자하고 자기 지인들까지 끌어들인 어떤 분이 있었습니다. 이 분은 목소리가 조폭처럼 카리스마가 있고 톤이 굵어요. 좋게 말하면 차분하고, 나쁘게 말하면 살기가 느껴진다고 해야 하나요?

그런데 대표라는 사람이 이 목소리에 겁을 먹고 도망갔다고 합니다. 더이상 돈이 나올 구멍은 없고, 여러 사람이 얽혀 있으니 인제 허가가 떨어지냐, 돈은 언제 줄거냐는 식으로 대표를 몰아세운 거죠.

그러다 나라에서 나오는 그런 허가는 떨어졌는데 정작 대표라는 분이 나타나지 않는 거에요. 수소문해서 가족들한테 어딨느냐고 연락을 해봐도 안 알려주고, 진행만 하면 되는데 여기서 멈춰진 상태랍니다.

이 분은 사주에 경금을 갖고 있고 대표라는 분은 을목을 갖고 있어요. 쉽게 이야기하면, 강한 도끼로 나무를 찍는 격이니 동업자로는 잘 어울리지 않는다고 봐야겠죠? 언젠가 내가 위에 있고 더 강하다고 하니 대표를 찾아도 동업하면 안 되겠죠.

다른 사람에게 위임을 하든지 아니면 내가 하든지 변화가 올 것 같다고 했습니다. 손금에서 귀인선을 볼 때 선이 선명하게 잘 올라가다가 연해지거나 장애선이 유독 굵어 보이거나 하면 조심하라는 징조입니다.

사주 이야기를 해보자면, 여자의 음양오행이 경금이면 남편 몫까지, 가장 역할을 해야 하는 분이 많더라구요. 그리고 남자가 경금이면 리드를 하거나 사업가가 많고, 부리부리 잘 생긴 사람이 많더라구요.

다단계의 늪에 빠진 사람들

살면서 다단계가 참 많은 것 같습니다. 화장품, 건강보조식품에서 우리 실생활에 많이 쓰이는 생필품에까지 다양하더라구요. 한 다리 건너 다단계 하시는 분도 많지요? 그런데 여기서 돈을 버는 사람은 몇이나 될까요?

다단계를 하는, 활발하고 성격 좋고 주변 사람을 하나부터 세세한 것까지 챙기는 사람이 있습니다. 생일이면 생일 쿠폰 넣어주고, 지나가다 생각났다고 안부 전화도 자주 하고, 한번씩 불러서 차 사고 밥 사고, 그런 영업력을 가진 분도 있어요.

거절하기 뭐할 정도로 나한테만 지극 정성인 줄 알았더니 원래 그게 몸에 밴 사람이었습니다. 매출 1위를 달리고 있고 잘 나가는 사람이지요.

그런데 주변에서는 잘 나가는 사람이라고 알고 있지만, 속을 들여다보니 사연이 많았어요. 아들 사고 친 거 메꿔주랴, 집안에선 가장 역할을 하고, 부모에겐 지극정성 효도하고… 안 움직이면 안 되는 사람이더라구요.

이름 있는 좋은 다단계가 있다면 나쁜 다단계도 비일비재할 거예요. 다단계에 끌려 가봤다가 도망 나왔다는 분도 있고, 몇 년동안 소식이 없었는데 알고 봤더니 다단계에서 망하고 나온 사람도 있고, 여전히 거기서 잘해보겠다며 가족과 인연도 끊고 열심인 사람도 있습니다.

오래 못 갑니다. 어쩌면 시간만 허비하고, 내 꿈조차 멀어지게 됩니다. 가장 중요한 것은 인간관계를 회복하기 힘들 수도 있습니다. 같이 망할 수도 있다는 걸 꼭 유념하기 바랍니다.

돈과 운이 들어오는 손금 읽기

인기로 먹고 사는 사람

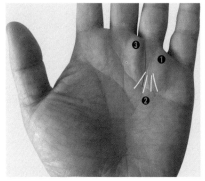 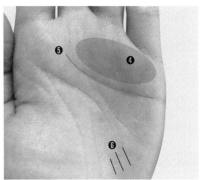

❶ 태양구가 발달되어 있다
❷ 부채꼴 모양으로 예쁘게 선이 만들어져 있다
❸ 태양선이 잘 발달되어 있다

❹ 금성대가 발달되어 있다
❺ 감정선이 검지손가락으로 상향해 있다
❻ 월구에서 솟아오는 지선이 3개 있다

그냥 사람을 끄는 친구들이 있습니다. 왜 그럴까요? 잘생겨서? 예뻐서? 뭔가를 특출나게 잘 해서?

인기가 많은 친구들은 어떤 손금을 갖고 있을까요?

요즘은 유튜버가 되고 싶다는 어린 친구들이 많다고 합니다. 그만큼 인기로 먹고 사는 시대가 되어버린 거지요. 노래를 잘하면 커버곡으로 뜨는 경우도 있고, 말재간으로 재밌게 스토리를 만들어 웃기는 일로 인기를 얻기도 하고, 장난감을 갖고 대역하며 아이들, 어린 친구들의 영웅이 되는 유튜버도 있지요. 유튜브에서 배운다는 말이 쉽게 나올 정도로 누구나 접하는 보물단지가 되어 버린 거죠.

그런데 이 인기가 잠시 유명하다가 꺼진다거나 슬럼프나 구설수에 휘말려 힘든 시기를 보내고 있는 누군가가 있다면, 이 인기선이 끊어져 있는 건 아닌지 살펴봐야 합니다.

❶번처럼 태양구가 잘 발달되어 있는 사람은 사람 장사를 할 정도로 늘 시선을 끕니다. 어디 식당에 갔는데 내가 와서 그런지 손님이 뒤에 몰려오듯이 따라온다고 하네요.

❷번은 인기입니다. 연예인을 해도 될 정도로 인기가 있습니다. 잘 올라가져 있으면 상관이 없는데 끊어져 있으면 반짝할 수도 있고, 또 잠시 중단하다 다시 하게 될 수도 있습니다.

❸번처럼 태양선이 발달되어 있으면 뒤늦게 유명해지기도 하고, 오랫동안 자기 하고자 하는 일에서 두각을 나타냅니다.

1번 2번 3번이 한꺼번에 있으면 정말 좋겠지요?

❹번처럼 금성대가 발달된 사람은 얼굴을 보지 않아도 '이 친구 이쁘겠다', '잘 생겼을 거 같아' 그러다가 막상 마주하게 되면 매력이 참 많습니다. 배우해도 될 정도로 범상치 않은 외모를 갖고 있습니다. 연예인도 꾸미기 나름이고 가꾸기 나름이라고 하지만, 이 금성대가 갖춰져 있으면 잠재되어 있는 끼가 많다고 보면 됩니다. 물론 너무 많으면 좋지 않습니다. 외모나 시선에 얽매이지 않고 쿨하면서도 은둔자가 많고 외골수 성격이 많습니다.

❺번의 경우는 개인적인 성향이 있어도 주변에서 늘 사람이 따릅니다.

내 마음을 알아주는 이도 있고, 도움을 주려는 사람도 있어 좋은데, 자기 관리를 잘 해야 합니다. 그런 사람 있잖아요. 어디를 가나 인기는 많은데 시간이 지나면 그냥 그런 사람이 되는 경우지요. 호감으로 다가갔다가 질려서 되돌아설 수도 있으니 내가 이런 사람이라면 상대의 이야기를 잘 들어주는 사람이면 좋겠습니다.

❻번의 경우는 인간다운 사람입니다. 파란만장한 세월을 보냈을 정도로 경험치가 많아서 조언도 잘해주고 배려도 잘하고 남에게 피해를 주는 행동은 절대 하지 않습니다. 인간적인 사람이기 때문에 주변에 사람이 모입니다. 그러나 혼자인 것을 더 즐겨하고 좋아합니다. 집순이 집돌이가 많지만 마음만 먹으면 사람을 끌고 리드할 수도 있습니다.

· 에피소드 ·

인기가 너무 많아도 피곤하지요

예전에 고 노무현 대통령의 손금을 누가 인터넷에 올린 적이 있어요. 태양선이 발달되어 있다고 좋아라 했는데 감정선과 비애선과 장애선은 왜 보지 못했을까? 이런 아쉬움이 남아요.

태양선이 발달되어 있으면 무조건 다 인기로 먹고 산다고 하지만, 그 인기가 피곤한 인기일 수도 있고, 골치 아픈 인간관계일 수도 있어요. 난 사람들과 엮이기 싫은데 아무것도 아닌 사소한 일에 목숨 거는 사람도 있고, 윗사람 잘못 만나서 트라우마가 생기고 공황장애가 생기는 사람도 더러 있으니까요. 사람이 너무 좋아도, 인기가 많아도 독해지지 않으면 성공하지 못합니다.

정말 마당발을 만난 적이 있어요. 저장된 연락처를 보여줍니다. 총 3000명에 가까운 연락처를 가지고 있더군요. 늘 전화기를 들고 삽니다. 전화가 한두 개가 아닙니다. 영업하는 분인데 어찌나 잘하는지, 영업 뿐일까요? 술도 말술입니다. 너무 잘 마셔요. 골프부터 시작해서 축구, 수영까지 열심히 활동하는데 문제는 가정을 소홀히 한다는 것이지요. 가정까지 잘 지키면 이는 신이라고 할 수 있지요.

사람을 좋아하고 능력 있고 말도 잘하는 이 분은 남자답게 잘 생겨서 그런지 남녀노소 다 잘 따릅니다. 그런 그도 진하고 격하게 좋아하는 분이 있답니다. 매일 봐야 하거나 또 매일 연락해야 하는 이 남자분. 이 고민 때문에 오셨는데 약간 게이 같은 느낌이었습니다. 인기가 있어도 너무 피곤할 거 같네요.

돈과 운이 들어오는 손금 읽기

정치에 몸담을 수 있는 사람

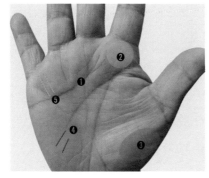

❶ 감정선 끝이 두 가닥이다
❷ 권력구가 발달되어 있다
❸ 금성구가 발달되어 있다
❹ 월구에서 인기선이 올라가 있다
❺ 수성구에 젓가락 모양이 있다

옛날 분들은 정치하는 사람들은 다 도둑놈이라고 보면 된다고들 했습니다. 그러나 정치도 재주가 있어야 합니다. 정치인에게 가장 중요한 것이 사람들이 잘 따르는 것, 그리고 말을 잘 하는 것, 이 두 가지인데 권력구가 잘 발달되어 있으면 이름을 날린다는 의미가 있습니다.

수성구에 ❺번처럼 그어져 있으면 말을 잘합니다. 그래서 교수로 남게 된다거나 노후에 정치에 몸담을 수 있습니다.

정치학과를 나와서 바로 정치에 뛰어든 사람을 보면 젊은 친구들이 많습니다. 경험과 노하우가 중요한데 손목에서 올라오는 운명선도 무시 못합니다. 어떤 화살이 날아와도 견뎌낼 강한 배포가 있어야 하는데 그것은

❶번과 ❹번의 역할이 가장 큽니다. 물론 막쥔금이거나 특이한 손금이어도 구❷❸ 발달이 잘 되어 있으면 정치 쪽으로 빠른 입문이 가능합니다.

정치도 아무나 하는 건 아닌 듯

예전에 삼촌이 정치 쪽에 몸담은 적이 있습니다. 이 분은 한 지역에 오래 몸 담고, 어르신들을 살뜰히 챙겨, 돈 안 들이고 군의원에 당선되어 정치에 입문한 것이나 다름없었어요. 정당에 들어가 경쟁하고 그럴 줄 알았더니 무소속으로 나와서 됐다고 합니다.

그때는 놀며 돈 버는 직업이라고 깔보는 사람들도 있었는데 숨은 내막이 참 많았습니다. 군을 위해서 여러 가지 일을 도맡아 한 것이죠. 환경개선부터 길 만드는 것, 아스팔트 길 내는 것, 산 길을 도보 길처럼 만들어서 등산할 수 있게 하는 일 등 안 보이는 곳에서 열심히 일하다가 결과물이 보이니까 어르신들이 무척 좋아했다네요. 더 오래 희생과 봉사하고 나왔으면 했는데 그만두고 다른 지역으로 사업하러 갔습니다. 그냥 지쳤다고 하더라구요.

의리가 있는 나

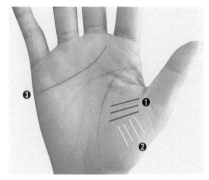

❶ 생명선 안쪽에 의리선이 있다
❷ 인복선이 있다
❸ 감정선이 검지 손가락 위로 향해
　있다

두 가지만 가지고 있어도 충분히 의리가 있습니다. 손금에 잔금이 많고 금성대가 있고 예민한 분은 비밀이라고 당부해도 지켜지지 않습니다. 월구에서 올라가는 운명선도 비밀이 지켜지지 않습니다. 제2화성구에서 올라가는 지선이 있어도 사람을 상대하는 것이기 때문에 말이 흘러갈 수밖에 없습니다. 감정선이 잘 발달되어 있어도 하향지선이 있으면 불리한 일이 생길 경우 비밀이 세어 나가거나 그럴 수 있습니다. 아무리 비밀이라 한들 무덤까지 가지고 간다고 하는 것은 무리이지 않을까요?

❸번처럼 감정선이 검지 손가락 위로 올라가 있는 사람들은 미래를 보는 사람입니다. 비밀이다 싶으면 끝까지 가지고 갈 수 있는 사람입니다. 그

런데 운명선과 연관지어 잘 살펴 봐야겠지요?

3번 선이 있지만 월구에서 운명선이 올라간다거나 제2화성구에서 올라 간다거나 잔선❷이 많거나 의리선❶이 있거나 하면 굳이 비밀이라고 이야 기하지 말고 힘들고 어려운 고민을 잘 들어주니 허심탄회하게 이야기 나 누고 거기서 끝내는 것이 나을 것입니다.

· 에피소드 ·

시누이 욕했다가 낭패

여러분은 의리가 있는 사람인가요? 주변에 입이 싼 사람을 본 적 있나요?

카페에 글을 올렸는데 드림에 대해 예의 없이 굴었다며 하소연하는 엄 마가 있었습니다. 그런데 어떻게 아이디를 추적했는지 탐정놀이하듯 동네 며 아파트까지 찾아내고 그 엄마한테 혹시 아이디가 맞냐고 한 유치원 엄 마가 물어보더랍니다. "왜요? 저 아닌데요?" 그랬더니 "아니 누가 자기라고 그래서." 하더랍니다. 자신의 아이디가 맞아서 너무 소름끼치고 무섭더래 요. 그래서 드림 글을 내렸다는 엄마도 있습니다.

다음 카페, 터놓고 이야기 하는 곳에서 시누이 욕을 좀 했답니다. 시누이 가 남편한테 전화했고 결국 들켜서 얼마동안 시댁에 안 내려 갔답니다. 시 할머니 임종 때 어쩔 수 없이 내려갔더니 시누이가 정말 미안했던지 그렇 게 잘 해주더랍니다. 이렇게 가족끼리 다시 좋아지면 다행이겠지만 대부 분 상처받아 담 쌓고 살아가는 경우가 많다네요.

4장

부모복

부모복 선의 의미

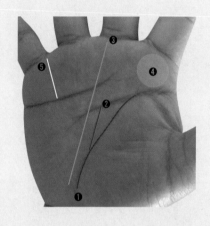

부모복은 여러 가지로 보겠지만 ❶생명선(빨간색) 부근은 부동산과 인연이 많습니다. 튼튼하고 선명하고 ❷자수성가선(분홍색) 못지 않게 선이 올라가 있으면 유산상속이 있을 수 있고, 부모의 도움이나 뒷받침을 받는다고 보면 됩니다. 자수성가선은 내가 벌어서 성공한다는 의미도 있지만, 요즘 시대에는 부모의 지원이나 도움이 있다고 보면 됩니다.

❸운명선(파란색)도 손목에서 올라가는 운명선이나 생명선과 근접해서

올라가게 되면 부모 곁에서 산다거나, 도움을 받는다는 의미입니다. 결혼하고 나서도 자식을 부양해줄 수도 있고, 가까이 살면서 여러 가지 작은 것부터 도움받을 수도 있습니다. 물론 반대로 효자이거나 효녀일 수도 있는데 부모와의 끈이 절대 끊어지지 않는다는 것이니 잘 해드려야 겠지요?

❹**권력구(연두색)**의 의미는 명예와도 인연이 있다고 하지만, 부모의 뒷받침과 조상들이 도와준다는 의미도 있습니다. 부모뿐만 아니라 조부모의 도움이 클 수도 있습니다.

❺**사업선(하양색)** 역시 사업가의 기질이 있어서 부모의 사업을 물려 받아 사업하게 된다거나 자신이 원해서 사업하게 되며, 부모의 도움이 있을 수 있습니다.

유산을 물려 받을 수 있을까?

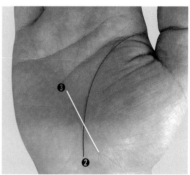

❶ 생명선 안쪽에서 올라오는 자수성가선이 있다
❷ 생명선이 중지 손가락 이상으로 넘었다
❸ 사업선이 생명선 안쪽에서 시작한다

복 중에서 가장 좋은 복이 부모복이랍니다. 젊은 시절 장만한 집 하나, 누가 장만해준 걸까요? 다 빚이어도 한계가 있는데, 여러분은 부모복이 있나요? 부모복이 있는 손금은 어떨까요? 한번 봅시다.

위의 3가지가 뚜렷하게 있으면 유산을 받을 수 있습니다. 생명선이 진하고 선명하면 토지와 인연이 많고, 자수성가선이나 재물선이 여러 가닥이라면 건물이나 임대세와 인연이 많습니다.

생명선이 과중하게 나와 있지만 한 번 끊어져 있으면, 한 번 갈아탄다거나 변화를 주는 것이 좋습니다. 형제들 간 엔분의 1로 나눴다면 처분하고 다른 것을 새로 마련한다든지 그런 변화가 옵니다.

❶번의 예는 자수성가선 자체가 스스로 벌어서 성공한다고 하지만 안쪽에서 시작해 올라가면 대물림이나 부모 도움으로 자기 명의의 뭔가를 할 수 있습니다. 나중에 땅을 팔거나 아파트를 팔아서, 혹은 수입이 불규칙하다면 어느 정도 보조는 받습니다. 집이나 가게를 내 명의로 또는 땅을 내 것으로 만들 시기라고 보면 됩니다.

❷번의 경우 생명선이 과중하게 나와 있으면 효자이고 효녀입니다. 그리고 부동산 중 토지와 인연이 많습니다. 땅을 물려받는다거나 부모 관련 사업을 같이 하게 될 수도 있고, 도움을 받게 됩니다. 후대에 자식들까지 생각해서 오래도록 간직하게 되는 경우도 해당됩니다.

❸번은 생명선 안쪽에서 시작하는 운명선이나 재물선 혹은 사업선이 됐든 부모의 도움이 크다는 것을 보여줍니다. 사업선이 가다가 말았어도 도움을 받게 되지만 끝까지 가지 못하는 게 흠입니다. 그러나 길게 올라가 있다면 오래도록 유지할 수 있는 희망은 있습니다.

· 에피소드 ·

막쥔금은 부모의 재산을 잘 지킬까

막쥔금의 특징이 잘 되면 엄청 잘 되고, 안 되면 거지 팔자라는 말이 있습니다. 젊었을 때 고생은 사서도 한다고, 카센타를 하는 사람의 한쪽 손이 막쥔금이었습니다. 젊은 나이에 사장 소리를 들었을 정도면 승승장구 한 사람이지요.

부모의 도움으로 카센타를 차렸을까요? 그렇지는 않습니다. 자수성가한 예이지요. 자기가 벌어서 동업 또는 은행 대출을 껴서 열심히 했는데 어느 날 불이 났습니다. 홀라당 다 말아 먹고 힘든 시점에 상담했었지요. 그래도 일어서더군요. 막쥔금의 특징 중 하나가 한번 잡으면 잘 놓지 않습니다. 사업이 됐든 일이 됐든 말이지요.

또 한 예는 부모 재산 문제로 형제의 난이 일어났습니다. 그런데 부모는 큰 아들 몫만 딱 짤라주고 나머지는 알아서 하라고 했던 모양입니다. 나눠 갖는 식으로 해야 하는데 막내 이름으로 해둔 것이 화근이었지요. 건물은 둘째, 땅은 막내꺼라고. 하지만 10년이 지난 후 부모가 물려준 땅을 막내가 자기 이름으로 되어 있으니 자기 것이라고 안 준 거죠.

결국 큰 아들은 조그만 땅을 둘째한테 팔았고, 막내 역시 둘째 형한테 땅을 팔게 되었고, 그때 현금을 다른 형제들과 나누어 엔분의 1로 한 거죠. 그 둘째가 막쥔금이었습니다. 소송까지 갔지만 둘째가 이겼고, 형제의 사이는 멀어졌습니다. 둘째만 잘 먹고 잘 산다는 소문이 났지만 조상의 땅과 터를 지키게 된 것은 둘째 막쥔금이었습니다.

부자 할머니의 재산 상속법

정말 큰 부자를 만난 적이 있었어요. 할머니인데 명품이 아깝지 않을 정도로 우아한 분이었습니다. 부동산이 얼마나 되는지 아들 둘 나누어 주고도 남은 재산이 빌라동 전체를 갖고 있었지요. 그것도 집값이 가장 비싸다고 소문난 제2의 도시 부산에서요.

그 빌라동과 수원에 있는 땅 등은 노후를 위해 갖고 있다고 합니다. 그런데 딸에게는 재산을 하나도 안 주었다네요. 딸이 엄청 잘 하거든요. 답답한 딸이 엄마를 모시고 왔는데, 딸은 나이 50에도 불구하고 왜 나만 안 챙겨주냐며 툴툴 거리더라구요. 아들 둘에 딸 하나면, 딸도 섭섭하지 않게 해줘야 하는데.

그래서 조심스레 물어봤습니다. 왜 딸에게는 안 챙겨주냐고 했더니 자신의 제사를 안 지내기 때문이라고 하더라구요. 그래도 지금 잘 해주고 챙겨주고 아프면 병원 따라다니는 사람이 딸인데, 나도 딸인지라 너무 섭섭하더라구요. 딸은 전세 살고, 아들 둘은 호위호식하고 있었거든요.

이 할머니는 무조건 자기 말을 잘 들어야 한다며 손자 손녀들이 한번씩 오면 봉투를 주나 봅니다. 그 봉투 안에는 우리가 생각하는 5만 원이 아니고 몇 십에서 몇 백이 왔다 갔다 하니 손자 손녀들도 안부 전화도 자주 하고 찾아오기도 하나 봅니다.

그런데 딸이 낳은 손녀가 있는데 시집을 못갔어요. 그것이 마음에 걸렸는지 손녀가 시집 가면 빌라동 하나는 해준다고 하니 난리가 난 거죠. 빨리 시집 보내야 하는데 마담뚜부터 시작해서 여기저기 주선자를 통해 알아보고 있습니다.

이 할머니는 80이 넘었는데 주식도 직접 하고, 책도 자주 보고, 꿈도 기가 막히게 맞는지 불안하거나 좋지 않으면 꼬박꼬박 연락을 합니다. 부디 건강하게 오래오래 잘 사셨음 좋겠습니다.

부모의 도움이 있는 나

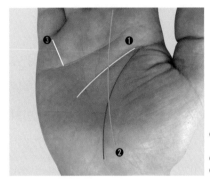

❶ 손금이 단순하고 생명선 두뇌선
　감정선이 진하다
❷ 운명선이 연하다
❸ 사업선이 뚜렷하다

1번 사례는 단순해서 부모의 도움이 있습니다. 부모의 도움이 있다는
　것은 부모의 영향을 많이 받는다는 말입니다. 부모를 돕다가 자기 일
이 되어 버리는 경우도 있고, 부모가 원하는 길을 가게 될 수도 있습니다.

　부모가 서포트를 해준다는 것이고, 자기 길을 가더라도 장애물을 만나
면 제일 먼저 도와주는 사람이 부모입니다. 그래서 부모와 잘 지내야 하고
감사함도 알았으면 좋겠습니다.

　❷번의 경우 운명선이 연하다는 것은 직장생활을 잘 못한다는 의미도
되지만, 자기 길이 아니라며 다른 일을 할 때 버팀목 같이 받쳐주는 역할
을 부모가 합니다. 사업자금을 대준다거나 다른 길을 가라고 인도해주면

서 주변 지인에게 부탁하거나 할 때 부모의 도움이 크답니다.

❸번의 경우 부모가 사업하는 분이라면 사업을 물려 받을 수 있는 충분한 여지가 있습니다. 작은 사업이 갑자기 커진다거나 하여 이를 계기로 도와주다 내 일이 되어 버리는 경우도 더러 봤습니다.

(참고) 생명선 두뇌선 감정선이 끊어지지 않고 단순하고 예쁘게 있어야 합니다. 장애선이 있거나 미세한 잔선이 아닌 굵은 잔선은 부모의 영향을 받아도 힘들어 합니다. 또한 생명선이 가다가 말았다거나 두뇌선이 짧다거나 감정선이 너무 짧은 것도 좋지 않습니다.

· 에피소드 ·

잔선이 많으면 부모 도움이 없을까?

그렇지는 않습니다. 잔선이 많고 운명선이 월구에서 시작하면 마음고생이 심하다고 하지만, 예술성이 강하고 부모의 도움 없이 스스로 성공하고자 하는 의지가 강하며 남 앞에 나 고생하고 있다고, 힘들다고 절대 티내지 않는 사람입니다.

물론 예민하고 사소한 것에 잘 삐지기도 하고 기분파이기도 하지만 부모의 도움은 늘 따라옵니다. 부모가 하나 해주면 난 두 배로 해준다며 식식거려도 듣는 사람의 입장에서는 복에 겨운 거라고 합니다.

잔선이 많으면 자기 성격과 고집과 아집이 강하다는 것이지, 부모와 인연이 없다는 것은 아닙니다. 물론 어렸을 때 도움은 못 받을 수도 있습니다. 내가 하고자 하는 길을 막고 있거나, 반대하고 있거나 상황이 여의치 않아 도와주지 못했을 때도 있습니다. 그때만 기억하는지 모르지만 시간이 흐를수록 부모의 사업이 잘 풀린다거나 하여 어느 순간 의지하게 됩니다. 지금은 부모가 참 귀하고 소중하고 건강했으면 좋겠다고 그런 효녀 효자들 많이 봤습니다.

정성이 통해서 그런지 몰라도 부모가 나를 찾게 됩니다. 도와주는 만큼 배로 도와줍니다. 차도 좋은 거 사줘, 집도 사줘, 땅도 물려줘… 사소한 것에서부터 하나하나 도움을 줍니다. 그래서 지인들이 그럽니다. "살아계실 때 부모에게 잘 해야 돼." 지내 보니 부모복보다 더 좋은 게 없다고 합니다. 부모복이 좋아야 자식은 물론 그 후대에도 영향을 받는다며 부모가 잘돼야 나도 후대도 편하다고 합니다.

틀린 말은 아니지요. 부모가 성실한 분이라면 지금 당장은 도움받지 못해도 후대에 꼭 영향을 받고 도움 받으니 안부 전화라도 자주 하세요.

깨끗하고 잔선이 없는 손이 작은 남자

단순해서 그럴 수도 있지만 남자치고는 손이 너무 작아요. 손 자체가 여자 손처럼 이쁘기도 하구요. 네일숍에 가서 꾸미고 손만 보면 여자인지 남자인지 분간이 안 될 정도로 곱습니다.

무슨 일을 하냐구요? 디자이너에요. 의상 디자이너가 아닌 그래픽 디자이너입니다. 고생이요? 많이 했다고 합니다. 마음고생은 그렇다 치고, 직장생활에서 아니다 싶어도 끝까지 견디거나 상대를 밀어내기보다는 자기가 뛰쳐 나온 케이스라고나 할까요?

고생 자체를 하기 싫어합니다. 그 자리를 피하고 싶어합니다. 결국은 프리랜서처럼 자신이 편한 일을 택한 사람입니다. 카페에 주구장창 앉아서 창조의 길을 걸어가고 있다고 할 정도니까요.

수입이요? 자기 먹고 살 정도, 그래도 빚 내고 살 정도는 아니라고 합니다. 빚을 지면 그때그때 부모가 도와준대요. 부모는 농사 짓고 사는지 시골에 계신다 하는데 이 분은 부족함이 없어 보입니다. 자수성가한 사람도 아닙니다. 그냥 부모 잘 만나 도움받고 있는 사람입니다. 집도 차도 부모가 다 해주었다고 할 정도니까요.

그냥 고민 없는 사람인데 앞으로 부모가 어떻게 될 지도 모르고, 말년이 궁금하다고 하네요. 말년 준비를 해야 하지 않냐면서요. 그래도 일찍 깨달은 편입니다. 30대 중반의 독신남이었으니까요.

결혼? 그러게요. 결혼은 왜 안 하냐고 했더니 자기 능력으로는 여자를 케어하기 힘들어서 그렇답니다. 사랑은 해봤는데 짝사랑만 줄곧 해왔고 외롭지는 않다고 해요. 코로나 때문에 집순이 집돌이가 많다고들 하지만 원래 혼자 즐기자는 주의고, 친구처럼 편하게 만나는 사람이 있으면 그걸로 된 거 아니냐고 합니다.

부모도 깨어 있는 분이신 거 같아요. 장남인데 결혼하라고 밀어붙이진 않으니까요. 이렇게 사는 삶도 나쁘지 않은 듯합니다.

내가 부모를 더 챙겨야 하는
운명이라면?

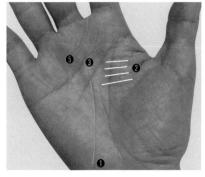
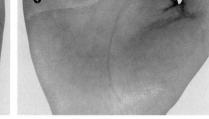

❶ 월구에서 운명선이 출발한다
❷ 장애선이 있다
❸ 감정선의 끝이 2가닥 이상이다

❹ 이중 감정선이다
❺ 감정선 끝 지선이 또 있다

월구에서 ❶운명선이 올라가면 부모와 일찍 떨어져 살아야 한다는 해석도 있습니다. 일찍 떨어져 있지만 부모에게 잘하고 챙기는 경우가 많습니다. 다른 형제도 많은데 유독 나만 챙기고 있다든지, 누구도 시간을 내지 않아 잔심부름 하나도 내가 해야 한다든지 하는 경우입니다. 불평불만이 많은 경우도 봤습니다. 그러나 자기가 해줘야만 마음 편하다고 끝까지 챙기는 사람이 월구에서 올라간 경우입니다.

❷번의 예는 시집살이를 하거나 내 부모 뿐 아니라 배우자의 부모도 모시거나 챙겨야 하는 경우도 있습니다. 가까이 살아서 챙기는 것도 있고 서로 효자효녀인 거죠. 부모 살아계실 때 잘 해드리자는 마음이 더 큽니다.

남들이 보기에는 왜 사서 고생하느냐, 미친 거 아니냐고 할지 모르지만 본인은 끝까지 효도합니다. 그러고도 더 잘해 드릴 걸 하면서 후회합니다.

❸번의 경우는 명예, 자존심도 있지만 희생하는 것도 있습니다. 자신보다 부모, 자식, 배우자를 더 챙깁니다. 현모양처가 여기서 나오는 말이죠.

❹번의 경우 두 집 살림을 할 수도 있습니다. 부모와 떨어저 살아도 자주 찾아 뵙고 정성을 들입니다. 그만큼 본인 가족보다 더 살뜰히 챙깁니다.

❺번은 부모의 영향을 많이 받기도 합니다. 감이 발달되어 있는 지선인데 조상복이 있다고들 하지요. 그래서 어렸을 때는 잘 몰랐는데 커 가면서 부모가 멘토 같기도 하고 존경스럽다고 하면서 챙기더군요. 물론 다 효자 효녀일 수는 없지만 이런 손금이라면 부모와 가깝게 지내며 후회하지 않게 도와주고 챙겨드리기 바랍니다.

· 에피소드 ·

부모가 살아계시는 것으로 만족해야 할까요?

그렇지는 않습니다. 내가 마음이 편해서 하는 경우도 있으니 부모복이라고 보기는 힘들 수도 있지요. 그러나 친구같이 지내거나 존경할 수 있는 대상이 부모라면 나의 희생은 아깝지 않다고 생각합니다. 부모는 해준 게 없다고 미안해 하지만 본인은 이 정도로 가르치고 키워준 것만으로도 복이라고 이야기해 주는 사람도 있으니까요.

막내인데 부모 챙기랴 시집 장가도 못 가고, 부모 돌아가시고 나니 40대

후반인 분도 봤습니다. 인생의 반은 부모한테 다 쓴 거 같다고. 후회하진 않지만 돌아가시고 나니 허망하고 다시 뭘 해야 할지 모르겠다고.

다시 공부해서 요양보호사나 사회복지사 자격증에 도전해 보라고, 좋은 경험이 되었을 거라고 일러주었네요.

부부가 같은 마음

남편이 친정 어머니를 더 살뜰히 보살피고 챙겼어요. 이러기 힘들지 않나요? 그런데 엄마한테 재산이 그리 많을 거라곤 상상도 못했는데 막상 돌아가시고 형제들끼리 재산을 나누는데 막내인 자기가 더 많이 받았다고 합니다. 유서에 그렇게 씌어 있었나 봐요. 큰아이 얼마, 둘째 아이 얼마, 막내는 그동안 효도한 거 고맙다며 재산을 더 많이 챙겨줬대요.

친정 어머니는 독신이었대요. 칠순이 넘었는데 주식도 하고 몰래 부동산에도 투자한 모양입니다. 가스렌지가 안 된다며 사위 부르고, 택시가 안잡힌다며 사위 부르고…. 사위는 싫을 법도 하건만, 어머니 암판정 받고 나서 사표를 던졌습니다. 부부가 같이 엄마 모시고 여행 다니자고. 그런데 그 여행을 가보지도 못하고 갑자기 돌아가셨답니다.

일도 때려쳤는데 이게 무슨 날벼락인가. 다들 어이 없어 했는데 미리 작성한 유서를 보고는 더 눈물이 나서 혼났다고 하네요. 결국 퇴직금 받고 유산도 팍팍 쓰면서 생활하고 있지만 마음이 편치 않다고 합니다. 남들은 이제 행복할 일만 남았다고 편하게 살라고 하지만 아직도 엄마가 생각나고 그립다고 하네요. 부부가 같은 마음이기 힘든데 정말 착한 분들이죠.

돈과 운이 들어오는 손금 읽기

부모와 나의 관계가 어떻게 될까요?

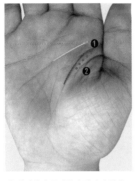
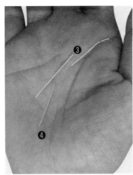

❶ 생명선과 두뇌선이 떨어져 있다
❷ 생명선 초반 부분에 섬무늬가 있다
❸ 두뇌선이 끊어져 있거나 짧다
❹ 운명선이 월구에서 올라간다

1번은 일찍 부모와 떨어져 생활해야 한다는 의미입니다. 물론 안 떨어지는 경우도 있지만 부모가 이혼했다거나 별거 중이었다거나 또는 그걸 액댐한다고 해서 주말부부로 지낸 세월이 길었을 수도 있습니다. 일찍 독립하는 경향이 있다는 선인데 철이 빨리 드는 친구들은 일찍 사회생활을 하며 부모 인생 따로, 내 인생 따로, 쿨하게 사는 사람들이 많답니다.

❷번째는 잔병치레가 많다는 의미도 있지만, 초년이 좋지 못했다거나 트라우마로 남아 있다거나 가정사에 말 못할 사건 사고가 많았을 수도 있습니다. 어렸을 때로 다시 돌아가라고 하면 싫다고 하는 사례가 많았거든요.

❸번째는 환경이 크게 바뀌는 경우를 말합니다. 물론 어떠한 선이 끊어졌다가 새로운 선이 나온다는 것은 환경이 크게 바뀌어 생긴 선입니다. 부모와 화해하여 내가 더 마음이 간다든지, 아니면 다 정리하고 부모 곁이나 근처로 돌아가게 된다든지, 부모가 하는 일을 직업으로 삼게 된다든지 할 수 있습니다.

❹번의 예는 마음고생을 하는 지선입니다. 부모와 일찍 떨어져 있으면서챙기는 것과 근처에 살면서 챙기는 것은 많이 다릅니다. 지금 내가 근처에서 챙겨주고 있다면 어쩔 수 없는 운명이지만, 떨어져 있다면 왕래가 더 많아질 것입니다. 부모복이 월등히 있는 사람도 있고, 정말 지지리 내 삶까지 망쳐 가며 희생해야 하는 경우도 있습니다. 부모가 가진 걸 떠나서 내 손금이 이렇다면 무심하게 대하거나 후회하지 말고 조금 더 다가가세요.

정말 부모나 조상한테 잘하면 3대가 큰 위기 없이 잘 산다고 합니다. 그래서 제사라는 것이 있습니다. 참고로 4가지 중 한 가지만 해당되어도 부모와 일찍 떨어질 수 있습니다.

· 에피소드 ·

10년을 엄마 병간호로 세월을 보냈건만

50대 초반의 여자는 자신의 인생을 친정 엄마를 돌보는 일로 다 보냈다고 합니다. 10년 넘게 병간호를 하다 보니 스펙도 끊기기 시작했고, 보험료도 바닥이 나고, 집도 팔아 월세로 돌리고….

돈과 운이 들어오는 손금 읽기

결국 엄마가 세상을 떴습니다. 남은 자식은 후회 없이 병간호해서 좋았지만 부모한테 남은 거라고는 얼마 안 되는 시골 땅이었나 봐요. 그것마저 남동생이 가지고 가면서 형제 간 의는 더 상했습니다.

세월이 흘러 다시 바닥에서 시작하려니 너무 비참한 생활을 전전하게 되었습니다. 200원이 모자라서 지하철 세 정거장을 걸어가야만 했고 원룸 월세 낼 돈이 없어서 자존심 무릎쓰며 후배한테 돈을 꿔달라고도 했죠.

엄마 돌아가시고 3년이 지난 후 이 분은 어떻게 지내고 있을까요? 저한테 왔을 때도 이보다 더 바닥은 없을 거라며, 복비 대신 차 한잔으로 안 되냐고 얼굴 보고 싶어 왔다고 했거든요. 응원과 기를 받아 가고 싶다고 했습니다.

저라도 밧줄이 되어주면 참 좋겠다 싶어서 열심히 들어주고 조언해줬습니다. 아는 사람도 많지 않아서 내심 걱정 많이 했어요. 내가 가진 돈이라도 따뜻한 밥 한 끼 먹으라고 주고 싶을 정도였는데 나이 차이가 좀 나고 자존심도 강한 분인지라 차마 그러진 못했습니다.

세월이 지나 그 넓디 넓은 서울 하늘에서 우연히 남동생을 만났답니다. 연락처는 서로 지워서 모르는 상태였는데, 엄마가 평소 그렇게 아들 타령만 하여 자신의 몫까지 더해 잘 살 줄 알았는데 자기보다 얼굴이 더 안 좋아 보였답니다. 순간 괘씸하고, 너 얼마나 잘 사나 보자 별렀건만 얼굴이 안돼 보여서 마음에 걸렸다고 합니다.

지금 이 분은 잘 지내고 있어요. 다시 일어서고 있습니다. 결혼은 포기했지만 조금씩 꾸준히 월급 받는 게 너무 행복하다고 하네요. 경단녀지만 어렵게 일도 구하고, 집도 원룸이지만 너무 좋대요. 응원합니다.

꿈에 보인다는 것은

●어머니가 돌아가셨는데 갑자기 꿈에 나타나 왜 이렇게 살이 빠졌냐고, 밥 챙겨 먹어라면서 춥다고 목도리를 여며 주고 사라졌답니다. 그런 꿈을 꾸고 난 뒤 꿈에 관해 검색을 했던 모양입니다. 환경이 바뀐다는 건데 정말 바뀔까? 임대 주택으로 들어가는데 대기가 한참 남았었거든요. 그 꿈을 꾸고 난 뒤 한 달이 채 안 되어 이사를 갔습니다.

●친정 오빠가 급성폐암으로 돌아가셨는데 할 일을 다 못하고 돌아가신 건지 동생이 사는 집 선산에 떡하니 앉아서 자기 집을 내려다 보더랍니다.

●할아버지가 돌아가시고 난 뒤 1년이 흘렀어요. 4학년 아들에게 할아버지가 꿈에 보였답니다. 환하게 웃고 계시더라구. 이 아이에겐 별일 없었지만 그 주가 제삿날이었습니다. 제삿밥 드시러 오신 모양이더군요.

●6남매의 종교가 다 달라서 막내가 제사를 가지고 간다기에 그러라고 했답니다. 그런데 돌아가신 어머니가 며느리의 꿈에 나타났습니다. 보자기에 옷가지를 챙겨서 나가길래 "어머니, 어디가세요?" 하니 "이제 여기는 내 먹을 게 없네. 나 친정으로 갈란다." 하십니다. 막내가 제사를 잘 지내고 있는 줄 알았더니 안 모시나 봅니다. 절에다 모셔 달라고 부탁했다네요.

●93세인 엄마가 오늘내일, 오늘내일했는데 딸의 꿈에 엄마가 버스를 놓치는 것을 보았습니다. 엄마는 결국 더 오래 사시게 되었습니다.

●꿈에 남편의 모임에 갔습니다. 남자는 1층, 여자는 2층에 모이는 줄 알고 아내가 2층으로 올라갔는데 다들 짚을 머리 끝까지 덮고 있더랍니다. 그러더니 친구가 "까꿍! 나 여기 있지?" 합니다. "왜 누워 있어? 나도 누워 있어야 하는 거야?" 그랬더니 친구가 다급하게 "야! 너는 여기 오지말고 당장 내려가. 1층으로 내려가. 빨리 가." 하면서 내쫓았습니다. 꿈에서 깨고 난 뒤 친구가 죽었다는 연락을 받았습니다.

이렇게 꿈이 예지몽처럼 나타나다니 신기하지 않나요?

인성은 쉽고 조용하게 계발될수 없다.
시련과 고통의 경험을 통해서만 영혼은 강해지고
야망이 고무되며 성공이 이루어질수 있다.

_ 헬렌켈러 _

5장

배우자복

배우자복 선의 의미

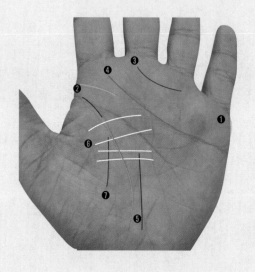

배우자복은 중지 손가락 마디에서 첫 번째 마디는 외모를 보고, 두 번째 마디는 능력을 본다고, 초등학교 때 그런 이야기를 한 적이 있습니다. 그런데 오류가 생기더라고요. 만약 통통하고 뭉뚝한 손이라면 마디가 작기 때문에 못생긴 사람에, 능력이 뛰어난 사람을 만나게 될까요? 아니죠. 그래서 선을 봐야 합니다.

배우자복이 있는 사람은 ❶결혼선(파란색)을 우선으로 봅니다. 결혼선에

돈과 운이 들어오는 손금 읽기

잔금이 없고 선명하면 애정적으로 크게 문제가 되지 않고 잘 삽니다. 양갈래 벌어진 모양은 주말부부 등 맞벌이를 해야 하는 애로사항이 있고, 같이 일을 하게 되면 서로 힘들어지기 때문에 동업은 비추입니다. 끊어져 있거나 휘어져 있거나 하향해 있으면 위험합니다. 이혼의 위기가 올 수 있고 극단적으로 치달을 수 있으니 전문가의 상담을 받아 보기 바랍니다.

❷ **생명선(빨간색)**은 **두뇌선(노란색)**과 떨어지면 떨어질수록 부부가 좋지 않습니다. 각자 자기 관리에 신경 써야 하고, 서로 신경 써주다 보면 집착 아닌 집착을 할 수 있고 간섭할 수도 있기 때문입니다. 각자의 일을 존중해야 하고 성격을 존중해야 합니다. 생명선과 두뇌선의 떨어짐은 부부 사이가 초반에는 엄청 좋았는데 갈수록 정이 떨어질 수도 있으니 조심해야 합니다.

❸ **금성대(황토색)**는 매력이 많고 재주도 많다는 장점이 있지만, 이 성격을 받아주는 배우자를 만나야지 그렇지 않으면 힘들 수도 있습니다. 배우자가 취미에 너무 빠져 있거나 게임에 빠져 있으면 독이 될 수도 있잖아요. 물론 같이 빠지면 모를까. 금성대는 매너와 매력을 의미합니다. 그래서 외부 사람한테는 잘 하는데 나한테는 잘 못한다는 그런 말이 나오기도 합니다. 연애할 때 그 매력에 결혼했는데 자기 것이 되니 예전만큼 못하다는 말이 나올 수도 있겠지요?

❹ **감정선(초록색)**이 길면 가정적이고 자기 가족애가 있습니다. 그런데 짧으면 안 좋으냐? 그런 것은 아니고 표현이 잘 안 됩니다. 사랑한다는 그런 닭살스런 말을 왜 하냐며 마음만 있으면 됐지라고 이야기하기도 합니

다. 그러나 감정선이 길면 그런 표현도 자주 하고 감성이 있고 무드가 있습니다. 감정선 끝이 3가닥이면 희생하며 살아가는 사람입니다.

❺**생명선과 운명선(빨간색)**이 가까이 근접해 있으면 효자 노릇을 합니다. 물론 배우자가 될 사람은 피곤하고 짜증이 날 수도 있지만, 그 복이 조상으로부터 올 수도 있다는 점을 알아야 합니다. 장남 장녀 노릇을 할 수도 있고, 맏며느리 역할을 할 수도 있으며, 또 배우자로 인해 재물이나 유산을 받을 수도 있습니다. 내 부모한테 잘하는 것도 나쁘지 않잖아요?

❻**장애선(하얀색)**은 역시 효자 효녀 맏며느리 역할을 하는 지선이긴 한데 나보다 자식을, 부모님을, 형제를 더 챙기는 사람이라고 보면 됩니다.

❼**영향선(보라색)**이 있으면 부부가 애정이 돈독하지만 가다가 없으면 의리로 살아가게 되고 정으로 살아가는 것이지 없다고 해서 안 좋은 의미는 아닙니다.

처녀 총각이 나한테 배우자복이 있는지 볼 때 가장 먼저 살펴 볼 것은 결혼선 그리고 운명선이 곧게 올라가 있는지를 봐야 합니다. 운명선이 가다가 끊어져 있는 것도 부부가 안 좋은 일이 생기기도 하니까요. 생명선과 두뇌선의 떨어짐이 있다면 서로 존중해주지 않으면 갈라서게 된다는 것을 참고하기 바랍니다. 생명선 두뇌선의 떨어짐이 있을 경우 차라리 혼자 살걸 그랬다고 후회하는 사람을 많이 봤습니다.

나를 여왕처럼 모시는
가정적이고 따뜻한 남자

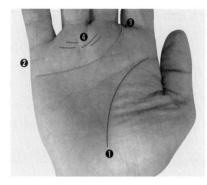

❶ 남자의 손 자체가 크고 생명선이
선명하다
❷ 결혼선이 선명하다
❸ 남자가 감정선이 길거나 검지,
중지 손가락으로 들어간다
❹ 금성대가 있다

집에서는 못 하는데 밖에서 잘하는 사람이 있습니다. ❶남자의 손 자체가 크고 두툼하면 가정에 잘한다고 합니다. 아무리 바빠도 내 집 식구를 더 챙기고 아이를 챙깁니다. 반대로 여자는 손이 작아야 야무지게 살림을 잘한다고 합니다.

여자가 손이 크면 남자 노릇을 해야 할 정도로 가장 역할을 해야 합니다. 남자가 손이 작으면 자기 위주이고 결혼과는 거리가 멀 수도 있습니다.

❷번처럼 결혼선이 선명하면 애정으로 풍만한 사람이기 때문에 애착이 강하고 집착할 수도 있습니다. 가정에 충실하며 자기 취미에 올인하는 사람들은 대개 결혼선이 선명합니다. 가정에는 소홀하고 취미에만 집착할

수도 있지요.

그러나 양손 다 결혼선이 선명하면 부부가 충분히 대화로 풀 수 있기 때문에 걱정하지 않아도 되지만, 한 손만 선명하면 어긋난 감정 때문에 골이 깊어질 수도 있습니다.

❸번은 남자의 경우 감정선이 길기 드뭅니다. 그만큼 여성스럽다는 이야기입니다. 여성 관련 직업을 갖게 될 수 있을 정도로 여자의 마음을 잘 헤아려주고 좋아합니다. 요리사 또는 미용 관련 업종 등 주로 여자 고객을 타겟으로 하는 사업을 하게 될 수도 있습니다.

❹번의 금성대가 있는 경우 잘 생기고 매력적인 외모라고 보기도 하지만 매너나 예의가 바른 사람이라는 의미도 있습니다. 여자 친구가 생겨도 매너있게 행동하며 배우자가 생기면 더 챙기는 타입이라고 보면 됩니다.

참고로 남자 손금에서 감정선 끝에 비애선이 있으면 여자한테 잘 못하는 것이 아니라 부모 중 한 분의 빈자리를 느끼며 유년기를 보냈을 수도 있습니다. 예를 들어, 아빠가 일찍 돌아가셨을 수도 있습니다. 가정을 이루게 되면 내 자식한테는 아빠의 빈자리를 느끼게 하고 싶지 않아서 더 열심히 아이들과 함께 할 수도 있습니다.

· 에피소드 ·

이런 완벽한 남편감이 어딨을까?

최수종 하희라 커플처럼 주변에도 이런 남자가 있습니다. 자기 와이프와의 기념일을 엄청 챙깁니다. 하나부터 열까지 빠뜨리지 않습니다. 집안의 살림도 잘 해요. 요리는 잘 못하지만 화초 키우는 것부터 전자제품이 고장 나면 고치고, 이불 빨래하는 것도 도와주며, 아이들도 잘 챙기고 잘 놀아줍니다.

이런 완벽한 사람이 어딨을까? 직장에서도 소문이 났습니다. 여자들이 배 아프다고 할 정도입니다. 10년이 넘는 지금도 잘하고 있어요. 전생에 무슨 복을 타고난 것인지. 너무 잘 하니까 여자들끼리 하는 말이 "이제 지겹다. 연기하는 것도 지겨워", "차라리 돈으로 주지" 이런 말을 듣는데 넘 웃겼어요.

신혼 때 이야기입니다. 된장국이 너무 어렵다며 연습하는 동안 맛있게 먹어달라고 했더니 사랑스런 눈빛으로 알았다고 그랬답니다. 그리고는 한 달을 된장찌개를 끓였다네요. 처음에는 괜찮다고 괜찮다고 하다가 막판에 어느 정도 된장맛이 났을 때는 감격의 눈물을 흘리더랍니다. 자기가 봤을 때는 밍밍한데 엄청 감동하더래요. 어떤 요리든 지금은 다시다와 미원이 필수라고 합니다. 맛이 없어도 맛있게 먹어주는 이 사람 대단하지 않나요?

현모양처인 내 아내

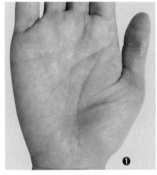

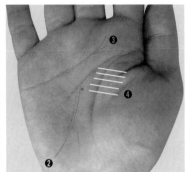

❶ 손 자체가 작고 야무지다
❷ 월구에서 시작한 운명선

❸ 감정선 끝이 3가닥이다
❹ 장애선이 많다

손 자체가 ❶작고 야무지면 살림을 잘합니다. 정리정돈을 잘한다든지 집안을 치우는 것이 일일 정도로 꼼꼼합니다. 깐깐하고 꼼꼼하기도 하고 예민하기도 한데, 내 주변이 정리정돈 되어 있어야 밖에 나간다든지 남의 집에 가서도 정리해주고 싶어서 안달일 수도 있습니다.

물론 피부색도 영향이 있습니다. 유난히 하얀 피부를 가지고 있는 사람들은 남녀 상관 없이 깔끔이 도를 넘을 정도로 심할 수도 있습니다. 정말 부지런합니다. 개를 키우는 것도 대단한데 하얀 피부를 가지고 있는 사람 치고 더럽게 사는 사람은 없을 듯해요.

❷번의 월구에서 시작한 운명선은 마음고생을 많이 하는 사람인데 그런

돈과 운이 들어오는 손금 읽기

손금이라면 나 하나 희생해도 좋으니 편안하게 가자는 주의입니다. 정말 배려심이 남다릅니다. 눈치가 빠르기도 하고 알아서 눈치껏 행동하기도 합니다.

무슨 행사가 있으면 시작부터 끝까지 계획을 세우고, 혹시라도 그 계획이 틀어질 것까지 감안하여 행동합니다. 그래서 자기 몸이 피곤하고 고단해도 다른 사람이 행복하고 즐거우면 그걸로 족합니다.

❸번의 경우는 희생하고 봉사하는 선입니다. 그래서 장남이나 맏며느리 역할을 하는 사람입니다. 형제지간에 막내여도 다들 바쁘니까 내가 나설 수 밖에 없다며 그게 편하다고 합니다. 혼자 희생해서 힘들지 않냐면 힘들어도 내 덕분에 다른 이라도 행복하고 즐거우면 된다고 합니다. 나중에 그런 희생이 직업이 되기도 합니다. 사회복지사나 요양보호사 등 심리치료사도 여기에 해당됩니다.

❹번처럼 장애선이 많으면, 집안의 크고 작은 일에 다 참견합니다. 시댁 친정할 것 없이 똑같이 마음고생입니다. 시부모든 친정부모든 병간호부터 시작해서 자주 왕래하고 부모가 자신을 편하게 생각하고 의지하더라도 받아주고 챙겨줍니다. 그래서 효자 효녀가 많습니다. 장애선이 있다는 것 자체가 부유하게 살아도 뒤치다꺼리는 다 하고 산 것이니 고생길에 낙이 옵니다.

가족에게 집착하는 이유

엄청 부지런한 아주머니를 봤습니다. 손도 빠르고 눈에 거슬리는 것을 잘 못보는 타입이더라고요. 상담하면서도 천에 붙은 먼지나 옷에 붙은 머리카락 떼어내는 것은 기본입니다.

이 분의 고충은 말년에 대한 고민이었습니다. 혹여 내가 아프거나 죽고 없으면 남편은 어떻게 하나? 아이들은 어떻게 하나? 고민이랍니다.

너무 솔선수범하고 부지런하니 20년 넘게 부모 수발 다 들고 이제 세상에 안 계시니 자기 차례가 온 거 같다며 우울해합니다. 미래에 대한 걱정과 고민으로 상담하러 오신 거지요.

조금 내려놓으면 안 되냐고 했더니, 내려놓고 혼자 여행도 가봤는데 맘이 편치 않고 오히려 몸이 더 아프더랍니다. 가족에 집착하는 이유도 배우자와 궁합이 좋지 않아서랍니다. 어디 가서 보면, 배우자가 바람 핀다고 잘 감시하라고 잔소리도 웬만하면 하지 말고 하늘처럼 떠받들어야 한다고 했답니다. 이 이야기를 듣고 너무 충격받아서 철두철미하게 잘 해주고 음식도 맛있게 해주고 편안하게 모셨다고 합니다. 결국 남편이 속썩인 적은 없었다네요.

마마보이 남의 편

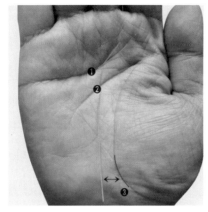

❶ 감정선이 3가닥으로 있다
❷ 운명선이 손목에서 올라간다
❸ 운명선이 생명선과 가깝다

부모에게 잘 하는 남자들의 손금은 어떨까요? 감정선이 두 가닥이면 자존심이 강하고 이기적입니다. ❶3가닥은 희생과 봉사 등 장남 노릇을 하거나 맏며느릿감 노릇, 즉 집안에 가장 노릇을 하는 것이지요.

❷번처럼 보수적인 사람도 그렇고 예의범절을 중시하며, ❸번처럼 생명선과 가깝다는 것은 어디 멀리 떨어져 살아도 결국 고향으로 돌아올 가능성이 큽니다. 부모님 곁에 지내고 싶어합니다. 1, 2, 3번이 다 있으면 효자인 것이고, 두 가지만 가지고 있어도 효자 못지않다고 보면 됩니다.

결혼을 할 때는 이 3가지를 잘 살펴봐야겠지요? 물론 사주랑 같이 보면 더 좋을 것 같습니다.

효자도 너무 지나치면 가정에는 적신호

유독 효자인 배우자가 있습니다. 어렸을 때 아버지 때문에 너무 고생을 많이 해서 잘 해줄테니 상대방도 잘 해줄 수 있냐고 합니다. 결혼할 때는 잘 해주겠다고 했지만 살면서 그리 살아지나요?

부모를 모시고 살았답니다. 분명 부딪히는 것도 많을진대, 아내가 병나고 홧병이 생겨도 오로지 부모 먼저 생각하는 남자였습니다. 아이들이 커서 결혼하고 가정을 이룰 때 남편한테 이혼하자고 했답니다. 더 이상은 안될 거 같다고.

괘씸한 남편이 갈라서면서도 위자료는 한 푼도 안 줬대요. 아내는 친언니들과 가까이 살며 아르바이트도 하고 자기 인생을 찾았다고 해야 하나요? 가끔 자식들을 만나 김치도 전해주고 자기 나름대로 최선을 다 하려고 했는데 아들이 보수적이고 남편을 닮아서 할머니 살아계시는 동안 오지 말라고 했대요. 할머니가 90이 다 될 무렵 이혼해 3년이 지났는데, 아들 며느리 편으로 택배로 물건만 보내고 소식만 전해 듣는다고 해요.

할머니를 모시고 있는 남편은 요리를 잘 하는 것도 아니고 오히려 노모가 몇 가지라도 반찬을 해줘야 한다고 합니다. 결국 손주들이 돌아가며 할머니를 모시고, 남편은 혼자 집에 남게 된 거지요. 너무 효자여도 적당해야지 하는 아쉬움이 있었습니다.

아내가 나 몰래 사고를 쳐요

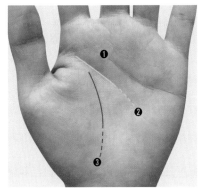

❶ 감정선이 끊어져 있거나 끊겼다
  이어지는 경우
❷ 두뇌선이 짧거나 가다가 연하다
❸ 생명선이 짧거나 가다가 연하다

사고를 친다는 의미는 무엇일까요? 다단계에 빠져 헤어나오기 힘들다 거나 배우자 몰래 큰 곗돈을 들어났다든지, 허락도 없이 물건을 팔 았다든지 여러 가지 사건 사고가 많을 수 있습니다.

❶번은 인간관계에 신경 쓰다 보면 나도 모르게 어쩔 수 없이 사고를 치 고 후회하는 경우이고, ❷번 같은 경우는 단순해서 더 알아보지 않고 결정 해 버리는 일이 많습니다. ❸번의 경우는 인내심에 한계가 엿보입니다. 좋 은 게 좋은 거라고 더 이상 진척하고 싶지 않고 그냥 어떻게든 되겠지 하 는 심보가 클 수도 있습니다. 이중 두 가지만 가지고 있어도 후회하는 삶 을 살아갈 수 있으니 조심해야 합니다.

통계를 내보면 기본 3대선(생명선, 두뇌선, 감정선) 외에 다른 지선이 또 있다거나 월구가 발달되어 있는 사람들 또한 귀가 얇습니다. 남 앞에 부탁도 잘 못 하지만 거절은 더더욱 못 합니다.

· 에피소드 ·

생활비 벌어보려 하지만 뜻대로 안 되고

배우자 몰래 사고치는 아내들의 성향을 보면 남편이 무시하고 짓밟는 경우가 많아 나도 잘 해보겠다고, 살아보겠다고 나선 것이 화근이더라고요.

절대 돈을 주지 않고, 평생 받아본 생활비가 딱 30만 원이라고 했던 아주머니가 있었어요. 그래도 인복은 좋아서 건강식품과 헬스케어용품을 주로 하고 화장품 판매도 했는데 지금은 코로나 때문에 안 좋아서 빚이 늘었습니다. 아내 입장에서는 버티고 버틴 것인데 남편과 시댁 입장에서는 바람 났다, 다단계에 빠졌다, 사고만 친다, 허영심이 많다며 치부해 버립니다. 잘 성장한 자식들 때문에 이혼도 못하고 남편이 마지못해 갚아주고 다시는 사고치지 말라고 했답니다. 사고치지 않게 적당히 생활비를 주면 되는데 돈 없다고 모른다며 피하고 다닌다 합니다.

다시 사업을 시작했는데 "이번이 마지막입니다. 이제 망하면 지옥이에요." 그 말이 너무 절박하고 암울했습니다. 여장부처럼 살아갈 분이니 응원합니다.

내 남편이 나보다 수입이 적어요

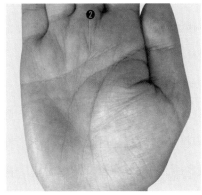

❶ 손금에 잔선이 많다
❷ 운명선이 선명하다

여자 손금에 ❶잔금이 너무 많은 사람을 보면 다재다능하기도 하지만, 집안을 일으키며 생활하는 똑순이들입니다. 보험왕이 되기도 하고 부동산 자격증을 따서 남편보다 수입이 더 좋기도 하며, 배우자는 프리랜서인데 내가 직장생활을 하며 안정을 가져 오기도 합니다.

여자 손금에 잔선이 많다는 의미는 잔병치레 또한 많은 편이고, 예민함도 있고 무조건 사회생활을 하는 사람은 아닙니다. 그런데 나가서 활동하면 억척같이 잘합니다.

❷운명선이 선명하고 진하고 잘 올라가 있어도 마찬가지입니다. 활동가이기도 하고 젊었을 때 목돈을 투자해서 세를 받고 사는 사람도 봤습니다.

생활력 강한 여장부 스타일

피부숍을 하는 분이 오셨는데 나중에는 강의를 나갈 정도로 열심히 공부하셨더라고요. 배우자는 번역가인데 수입이 일정치 않고, 젊은 친구들이 치고 올라와서 딱히 수입이 많지도 않다고 하네요.

오히려 자신이 집안 살림을 도맡아 하고, 남편은 한량처럼 예술인처럼 살아가고 있답니다. 손을 많이 쓰는 직업이라서 그런지 잔선도 굵어졌고 선도 많습니다. 다른 선도 더 있어서 부업하면 좋겠다 했는데 손님을 통해 주식도 하고 비트코인 같은 것도 했답니다. 의심이 많고 당장 여윳돈도 없고 해서 넣고 빼고 했는데 나름 투자해서 크게 손해는 나지 않았던 모양입니다.

의리로 사는 부부라 수입이 적어도 미워하거나 원망하진 않더라구요. 그저 내 옆에 있어주는 것만으로도 감사하다고 합니다.

어느 날 전화가 왔습니다. 폐암 선고를 받았는데 죽는 거 아니냐고 울더라구요. 의술도 발달해 있으니 걱정하지 말라고 했는데, 다행히 착한 암이고 항암 몇 번 하면 낫는다고 해서 수술 후 항암 치료 중입니다. 생활력 강한 여장부 스타일의 아주머니입니다.

남편이 너무 바빠요

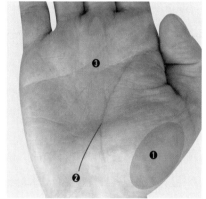

❶ 금성구가 두툼하다
❷ 금성구 쪽 생명선에 부업선이
올라와 있다
❸ 운명선이 없거나 연하다

배우자가 바쁜 사람을 보면 활동가인 경우가 많습니다. 역마가 많은 사람입니다. 그리고 투잡이든 쓰리잡이든 여러 가지 일을 병행하는 경우도 있습니다. 집에서 쉬고 싶은 마음에 게으를 수도 있지만 밖에서 만큼은 정말 최선을 다하고 사람이 늘 따릅니다.

가정적인 남자라고 기대하기는 어렵고 밖에서만 잘하니 서운할 수도 있습니다. 돈을 많이 벌어다 주는 것에 만족해야 할 수도 있습니다.

바깥 생활이 길어지면 부부 사이 무덤덤

남편이 바쁜 게 좋을까요, 아니면 가정적인 남편이 좋을까요? 아이가 어려서는 아빠 자리가 절실하고, 살아가면서 남편의 빈자리가 있거나 또 기간이 길어질수록 부부 사이는 무덤덤해집니다.

멀리 떨어져 지내는 것이 오히려 마음 편한 아내들도 많습니다. 코로나 때문에 여행 관련업이나 항공, 호텔업이 어려워졌지만 외국에서 돌아온 남편을 맞는 아내들의 마음은 처음엔 설레고 중간에는 서서히 귀찮아진답니다. 언제 나가나, 언제 돈 벌어오나 기회만 엿본다고 해요.

의학 관련 분야를 보면 너무 바빠서 집에 있지 못하고 생활하는 사람들도 있지요? 또 배우자가 운동 선수라면 정작 일년에 집에 들어오는 기간은 한 달도 채 안 된다고 합니다. 연예인 부부도 마찬가지. 촬영이 없으면 백수나 다름 없지만 촬영 기간에는 동분서주, 여자들끼리 애 키우느라 남편의 존재가 오히려 귀찮다고 해요.

물론 남편의 입장에서 보면 불쌍합니다. 가끔 집에 들어오면 저녁도 안 주고, 씻고 나오면 옷이며 다 챙겨줬던 아내가 손이 없냐 눈이 없냐 직접 꺼내 입어라, 버릇들어서 안 된다며 스스로 알아서 하라고 한다네요. 기껏 일하고 들어와 쇼파에 누워 티비 보며 힐링하는 것이 낙인데 눈 앞에 있는 것 좀 치워주면 안 되냐고 한다네요. 그래서 혼자 지내는 숙소가 천국이라고 하는 분도 있답니다.

서로 맞벌이 해야
제 숨통이 트입니다

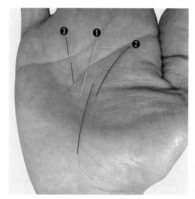

❶ 운명선이 두 가닥 이상 올라간다
❷ 생명선이 이중 생명선이다
❸ 재물선이 끊어져 있다

배우자의 월급이 적어서 그럴 수도 있지만 아이들 학원 때문에 또는 학비 때문에 힘들어서 사회활동을 하는 아내들이 많습니다. 사정상 일을 그만둬야 했는데 마음 놓고 쉬는 게 아니라며 다른 잡을 구하기도 합니다. 나가서 일해야 숨통이 트일 거 같기도 하지만, 경제적으로 도움을 주기 위해서입니다.

❶번처럼 끊어진 운명선은 새로운 일에 도전하기도 하지만, 했던 것을 쉬었다가 다시 진행하는 경우도 해당합니다. ❷번처럼 이중 생명선인 사람은 부지런한 사람입니다. 가정에서도 밖에서도 열심히 활동합니다. 이중 생명선 뿐 아니라 이중 두뇌선이거나 이중 감정선이어도 바쁘게 살아가는

사람이기 때문에 투잡을 하거나 배우자가 일을 하게 될 수도 있습니다.

❸번처럼 재물선이 끊어져 있다는 것은 불규칙적인 수입원이긴 하나 작은 돈이라도 보탬이 됩니다.

· 에피소드 ·

남편이 하는 가게에 나가요

사회활동이라고는 해본 적이 없는 친구가 있습니다. 결혼을 너무 일찍 한 것이죠. 고등학교 졸업 후 바로 결혼했습니다. 내 또래인데 아이가 대학생입니다. 그런데 손금이 이중 생명선이라 바쁘게 살아갑니다. 늘 바쁩니다. 살림도 하고 엄마들이랑 티 타임도 갖고, 그 티타임이 술 약속이 되어 밤에까지 술 마시고, 남편들도 불러 술 마시고…. 이 생활을 오래 했어요. 그냥 집순이인데 엄청 바쁩니다.

세월이 흘러 남편이 가게를 열었어요. 회사가 힘들어지자 퇴사하고 체인점 비슷한 것을 오픈했습니다.

처음에는 일손이 딸린다 바쁘다 와서 도와줘라 해서 갔더니 주방으로 밀어넣더랍니다. 아줌마니까 카운터 보면 안 된다, 인물이 안 된다고 하면서요. 그런데 이 친구가 여상을 나와서 잠깐 경리를 본 경력이 있어서 그런지 돈 세는 것이 기가 막힙니다. 은행원처럼 돈세는 소리가 다릅니다. 결국 3개월 후에 카운터에 앉았다고 해요. 20년만에 첫 사회생활이랍니다. 월급도 받고, 이제는 남편과 함께 출퇴근한답니다.

남편이 사회활동을
못하게 감시해요

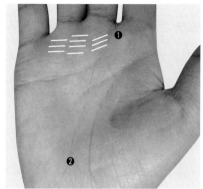

❶ 매력선이 정말 많다
❷ 운명선이 연하다

운 명선이 있으면 일하는 것이 좋은데 운명선이 있어도 구속 당하고 사는 여성들을 만나보면 태양선과 금성대가 발달되어 있습니다. 남편이 나 혼자 벌어도 되니 나가지 말라는 것도 있고, 가정에서만큼은 현모양처였으면 하는 바람에 그럴 수도 있지만, 더한 이유는 나가서 얼마나 번다고 살림이나 하라고 한답니다.

배우자가 사업하는 사람의 경우 집안 살림에 몰두하다가 배우자가 도와달라고 해서 나가는 경우도 있는데, 자기 옆에 끼고 있으려고 하니 부담되고 스트레스 받는다는 분들도 있습니다. 시간 간격을 두고 따로 일하는 것은 다행이지만, 일일이 다 신경써야 하고 뒷바라지를 해야 하니 일에 대한 압박감보다는 존재의 압박감이 크다는 것이죠.

배우자랑 같이 일하는 사람들은 어떤 사람들일까요? 물론 손금은 다양하지만 감정선이 중지 선상에 멈춰 있거나 막쥔금이거나 배우자와 내가 손금이 달라서 오래 같이 일하는 경우입니다.

❶번처럼 매력선이 많으면 게으른 것도 있지만 미인이나 미남이 많습니다. 매력선이 많은 여자 분들은 패션과 유행에 민감하기 때문에 멋 내는 것 혹은 보여지는 것에 신경을 씁니다. 그래서 배우자가 불안해 할 수도 있습니다.

❷번처럼 운명선이 연하면 일하고 관련이 없어서 그럴 수도 있고, 아내 입장에서 사회활동을 그다지 하고 싶지 않지만 배우자 역시 나가서 일하라고 하진 않는답니다.

의처증 의부증이 있는 사람의 손금을 보면 감정선이 발달되어 있거나 막쥔금이 많고 생명선과 두뇌선이 떨어져 있는 경우도 있으니 참고하기 바랍니다.

· 에피소드 ·

쇼윈도 부부가 따로 없다

상담하러 오면서도 의심이 많은 남편 때문에 같이 방문한 적이 있어요. 부부가 같이 방문했어도 기분 좋게 함께 보는 것이 아닙니다. 남편이 아내만 보러 왔다며 자기는 뒤로 빠지는데, 이건 완전히 나가는 것도 아니고 무슨

돈과 운이 들어오는 손금 읽기

말을 하는지 다 지켜 보고 있는 것이지요.

여자들은 눈치라는 것이 빨라서 다른 말은 하지 않고 주로 가족 이야기만 합니다. 이야기를 나누고 돌려보내면 다음 날 톡이 옵니다. 어제 봤던 사람인데 나쁜 말 서슴없이 다 해주라고 합니다. 그래서 나쁜 말 없었는데요 했더니 이혼 안 하냐, 너무 지옥같다, 사는 것이 사는 게 아니라고 하디라구요.

언제부터 의심 증상이 있었는지 물어보니 남편이 눈치가 100단이랍니다. 아내가 몰래 초등학교 동창을 만나고 있는데 느낌상 깊은 관계인 듯해요. 그것도 007작전으로 찜질방에서 본다고 합니다. 여자들만 자주 가는 목욕탕이지만 그 찜질방까지 남편이 쫓아온 거 아닌지 걱정하더라구요.

코로나 때문에 만남이 소홀해졌어도 여전히 같이 다닐려고 하고 어디든 쫓아다닌답니다. 남들은 부부 사이가 엄청 좋은 줄 아는데 자기는 지옥 같다고, 쇼윈도 부부가 따로 없다며 긴 통화를 했습니다.

남편은 근무 중에도 20여 통은 기본으로 전화하고, 이것도 못 미더울 때는 언제든 영상통화를 한대요. 주변의 웬만한 사람들은 다 안다고 합니다. 지금은 부부가 같이 가게를 열었어요. 그래도 살고 있는 아주머니가 대단하다는 생각이 드네요.

다른 사람들한테는 잘하는데
나한테는 야박하게 구는 남자

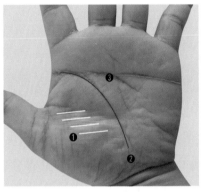

❶ 의리선이 발달되어 있다
❷ 부업선이 올라와져 있거나 생명선
　하단의 선이 중지손가락을 넘었다
❸ 감정선이 직선형이고 짧다

다정다감한 남자들과는 다르게 감정선이 짧은 사람은 단순하지만 남한테는 잘합니다. ❶의리선이라고 가로선 무늬가 진하고 많은 사람들을 보면 정말 사람을 좋아합니다. 사회활동하며 바쁩니다. 모임도 모임이고 취미활동도 꾸준히 해서 인기가 많습니다.

❷번처럼 생명선 하단이 발달되어 있거나 중지 손가락을 너머 있는 사람 역시 마찬가지입니다. 정이 많고 사람을 좋아하고 사회활동하며 바쁨을 즐기기도 합니다. 가족보다는 모임에 더 잘 어울리며 부부동반 모임에 아내와 같이 가는 것도 잘 못하고, 부부가 함께 여행가는 것도 어색해합니다. 주말 부부가 더 맞을 정도로 떨어져 지내는 걸 더 편하게 생각합니다.

막쥔금이거나 ❸감정선 자체가 짧아도 자기 밖에 모르지만 막상 지인이나 귀인을 만나면 한없이 다정하고 잘해주는 사람입니다.

배우자와 정말 얘기가 안 통하는데

아내가 무슨 말을 해도 들어먹지 않는 남자가 있습니다. 분당에서 아파트 2억 원 전세로 살 때 그냥 이 집을 사자고 하니 너가 그 돈 있냐? 뭘 믿고 사냐? 그냥 전세 살자, 니가 나보다 얼마나 번다고 호들갑이냐며 무시했답니다. 그런 집이 지금 8억이 넘습니다. 자기 말은 절대 듣지 않는다고 해요.

공공기관에서 비정규직으로 일을 하고 있는데, 여자가 애를 봐야 하고 집안 살림도 다해야 한다는 보수적인 사람입니다. 지금도 집을 사자거나 이사를 가자고 하면 절대 듣지 않는다고 합니다. 벽에다 대고 이야기하는 것이 속편할 정도라고 해요.

이혼을 못하는 이유는 아이 때문이기도 하지만 시댁이 엄청 부자라고 합니다. 그래서 차도 사주고 가끔 목돈도 주고 하나 봐요. 그런데 자기는 선견지명이 있는 편인데 주식을 하자고 해도 그런 돈은 금방 써 버리는 돈이고 여유 부리지 말라며 아주 무시한다고 합니다.

그럼 밖에서는요? 너무 잘한대요. 사람들한테 잘하고 시댁이나 친정에도 정말 잘한대요. 자기한테만 무시한대요. 그래서 언니한테도 이야기하고 싶지만 사이가 틀어질까 무섭고, 부모에게 하소연하고 싶은데 사이가 어굿날까봐 그러지도 못하고 외롭다고 합니다.

직장요? 지금은 일을 그만뒀대요. 아이가 온라인 수업하면서 봐줄 사람이 없으니까 너무 타박하고 스트레스를 줘서 그만뒀다고 해요. 다시 일을 하고 싶은데 남편의 잔소리가 듣기 싫고, 코로나가 풀릴 때까지 기회를 보고 있답니다.

배우자와 정말 얘기가 안 통하는데 어찌 결혼했을까 싶죠? 몰랐대요. 살면서 알았답니다. 연애하는 청춘들이 이 책을 보면 이성을 만날 때는 사계절을 만나보고 결혼하라고 하고 싶어요. 급하게 한 결혼은 눈에 콩깍지가 벗겨지면 후회하기 시작한답니다.

아버지의 굴레에서 벗어나고자

아버지는 양손 다 막쥔금입니다. 손 좀 줘보세요 하고 본 것이 아니라 우연히 같이 있는 시간이 길어져서 막쥔금이구나, 그래서 성격이 강하시구나 하고 이해하기 시작했지요.

엄마의 소원이 아빠한테서 벗어나는 것이었습니다. 지금도 마찬가지지만. 아빠는 제때 밥 차려줘야 하고, 어디를 가나 엄마를 끌고 가는 경향이 있어요. 구속당하는 느낌?

언젠가 엄마가 실버 일자리 관련 노인복지회관 카페에서 커피 내리고 차 타는 것을 배웠답니다. 라떼도 알고 마끼아또도 아는 엄마가 너무 신기했을 정도였지요.

서울에서 살 때 가끔 내려가면 엄마는 카페에서 알바하고 있다며 차 타

줄 테니 오라고 합니다. 한 잔에 천 원이었어요. 그러더니 신랑이랑 둘이 마셨으니 기어이 두 잔 2천 원을 받던 모습이 생생합니다.

집에 들어가니 아버지께서 짜증 나는 말투로 "그까이꺼 다방에서 몇 푼 이나 받는다고 자꾸 싸돌아 댕겨~!" 이러시는 겁니다.

다방이라는 말에 빵 터졌습니다. 아~ 아버지 눈에는 다방으로 이해힐 수도 있겠구나 싶었던 거죠. 항상 미소 지으며 웃음을 팔고 있다는 생각을 먼저 하는 거 같았어요.

그 일을 오래 하지 못했지만 그래도 엄마는 그때가 제일 행복했다고 합 니다. 아버지의 굴레에서 벗어났다고 생각하니까요.

두 번 결혼해도
배우자복이 있는 걸까요?

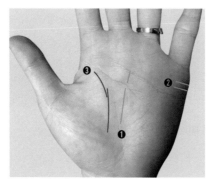

❶ 운명선이 끊어져 있다
❷ 결혼선이 선명하게 두 개다
❸ 생명선이 끊어졌다가 새로운
   선으로 내려간다

운명선이 중간에 없다는 것❶은 이혼의 위기가 있다거나 또는 주말 부부로 액땜을 하기도 합니다. 또한 ❷결혼선 두 가닥이 선명하면 동갑을 만나기도 하고 정으로 살기도 하지만, 한 선이 하향해 있거나 또는 감정선까지 닿아 있으면 이혼을 하게 됩니다.

❸처럼 생명선이 두 개거나 한 손이 연하고 다른 한 손이 진한 경우 즉 양손이 다를 수도 있는데 역시 이혼과 관련이 있습니다.

이혼을 했는데 생명선이 갈수록 선명해지고 다른 사람을 만났어도 생명선이 선명하면 이혼 후 재혼해도 행복하게 살아갈 수 있습니다. 이혼한 순간의 나이대와 그 이후를 봤을 때 선명하고 좋아야 합니다.

새 아빠가 생겨 행복해요

후배가 어느 날 갑자기 결혼소식을 알리더니 애 둘을 낳고 갑자기 남편이 하늘나라로 갔다고 연락이 온 적 있습니다. 지방이라 내려가진 못하고 길게 통화하며 위로한 적이 있는데 갑자기 사람을 구하러 물에 뛰어 들었다가 목숨을 잃었습니다. 얼마나 대성통곡했는지 모릅니다. 애 둘을 낳고 어떻게 사냐고 함께 눈물바람이었지요.

결국 애 둘이랑 친정에 홀로 계신 아버지와 함께 살게 되었습니다. 이 후배가 엄청 착하거든요. 애교도 많고, 아버지 친구의 아들이 가끔 놀러와서 아이들과 놀아주고 살뜰히 챙겨준 모양입니다.

어느 날, 전화로 물어보더라구요. "나 이 사람 또 하늘나라 보내는 거 아냐? 그러면 재혼 안 할래요." 위험한 일을 한대요. 물류회사에 있는데 낮과 밤 2교대로 일하기 때문에 건강이 가장 염려가 된다는 것이죠. 명줄 아주 길다고 했습니다.

지금은 결혼해서 애가 셋입니다. 새 아빠가 생겼다고 좋아하는 아이들이 눈에 아른 거립니다. 카톡 프로필 사진에 애 셋이 나란히 찍혀 있는 거 보면 안정되어 보여 참 좋아요.

말년까지 서로 해로하며 사는 부부

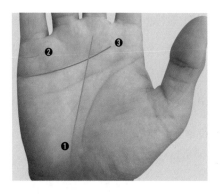

❶ 운명선이 곧게 잘 올라가져 있다
❷ 결혼선이 진하게 한 개다
❸ 권력구가 발달되어 있거나 감정선이 권력구까지 와 있다

1번처럼 손목에서 운명선이 올라갔다가 중간에 시작 부분이 있어도 곧게 올라가는 것처럼 보이면 배우자와 오래오래 삽니다. ❷번처럼 결혼선이 진하고 선명하게 있어도 마찬가지입니다. 한 사람한테 최선을 다하게 됩니다. ❸번처럼 권력구가 발달되어 있거나 감정선이 권력구까지 와 있으면 자존심상 의리를 지키기도 하고 책임감이 강합니다.

좋은 손금은 생명선이 끊어짐이 없어야 하고, 감정선도 역시 마찬가지이며, 재물선도 선명해야 합니다. 기본선 외에 다른 지선이 있다거나 장애선이 많다거나 운명선이 연하면 여러모로 사건사고가 많습니다. 그래서 뜻하지 않게 사연 있는 사람이 많습니다.

좋은 손금은 단순하고 선명하고 잘 내려가 있다는 것이고, 잔선이 많은 손금은 풀어야 할 이야기도 많지만 조심해야 할 부분도 많습니다.

· 에피소드 ·

양손이 다 같아야 합니다

부부가 서로 양손이 다 좋아야 둘이 해로하며 사는 것 아닐까 싶네요. 그리고 양손이 다 같아야 합니다. 같지 않아도 비슷해야 합니다.

한손은 막쥔금인데 한손은 평범한 기본 3대선이라면 운명선과 결혼선을 잘 살펴봐야 합니다. 양손이 다 다르다는 것은 환경이 크게 바뀐다는 의미가 있습니다. 남자는 감정선이 짧은 것보다는 긴 편이 더 가정적이고, 두뇌선이 짧은 것보다는 긴 편이 자기와 가족애에 대한 애착이 있습니다. 생명선이 짧은 사람보다 긴 사람이 책임감이 더 강한 사람입니다. 반대로 여자는 감정선이 짧으면 주어진 환경에 답답함이 느껴져 활동하는 경우가 많고, 두뇌선이 짧으면 솔선수범하며 잘 챙기지만 어느 선까지만 챙깁니다. 그 이상 깊게 들어가고 챙기는 것을 별로 좋아하지 않습니다.

부부가 함께 상담할 때는 성격 파악이 아주 중요합니다. 이혼을 준비하고 오는 부부들, 트러블이 자주 생겨서 고민하는 부부들이 오면 양손의 손금을 살펴볼 때 완벽한 건 바라지도 않지만 다 선이 불안정하고, 운명선도 결혼선도 비애선도 잘 갖춰져 있지 않습니다. 언젠가는 이혼할까요? 글쎄요. 어느 한 쪽이 양보하지 않는 한 같이 살아가는 것이 힘겨울 수 밖에요.

더는 못참겠다 황혼이혼

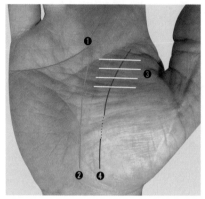

❶ 감정선이 가다가 멈춰 있다
❷ 운명선이 끊어져 있다
❸ 장애선이 많다
❹ 생명선이 양손 중 한 손이 짧다

평범하지 않은 손이긴 한데 가장 큰 이유는 장애선입니다. ❸장애선이 많으면 시집살이를 많이 합니다. 그리고 효자랑 결혼해서 내가 뒷바라지를 다해야 합니다. 물론 열심히 해서 살아남는 사람도 있지만, 배우자랑 트러블 때문에 이혼하고 각자 사는 사람이 많습니다.

부모야 어떻게든 내 힘으로 마지막까지 책임지고 싶지만 배우자의 서운함에 애들을 다 키우고 나면 이혼합니다. 양손 다 생명선이 다른 경우도 내 삶과 다르게 움직인다는 의미입니다. ❹한 손은 긴 데 한 손이 짧거나 두 개거나 끊어져 있다면 밖으로 나가고 싶은 돌발 행동을 하게 됩니다.

이혼하는 것을 후회하냐면 절대 후회하지 않습니다. 오히려 자유롭게

　　　　　돈과 운이 들어오는 손금 읽기

잘 삽니다. ❶감정선이 가다가 멈춰 있거나 ❷운명선이 끊어져 있는 경우
도 마찬가지입니다. 시한폭탄 같은 것을 들고 다니기 때문에 언제 폭발할
지 모릅니다. 결국 이혼을 끊어진 시점에 하지 않고 막판에 하기도 합니다.

· 에피소드 ·

이렇게 끝까지 살 수 있을까?

전생에 무슨 죄를 지었길래 하나부터 열까지 다 남편을 챙겨야 하는 언니
가 있습니다. 샤워하면 속옷이 가지런히 놓여 있어야 하고, 밥을 먹어도 다
차려 놓고 불러야 하고, 컴퓨터 방에는 깨끗하게 먼지 한 톨 없어야 하고,
집안일은 무조건 여자 몫, 자신은 밖에서 일하니까 집에서만큼은 편하게
쉬는 것이 당연하다는 것이지요.

남편 뿐만 아니라 시댁 식구들도 챙겨야 하는데 시부모가 드세고 가진
것도 많으니 힘이 있습니다. 나를 무슨 종으로 아는지 생신 챙겨야 하고,
제사 챙겨야 하고, 그것을 당연하게 생각해 왔기 때문에 어쩔 수 없지만
나이가 먹을수록 내가 뭐하는 짓인가, 그런 생각이 떠나질 않아서 죽겠더
랍니다.

그 언니 손은 못 생겼습니다. 고생을 많이 한 손입니다. 식당에서 일한
것도 아니고, 그렇다고 사회생활을 한 것도 아닌데 누가 손 한번 잡으면
왜 이렇게 손이 거칠고 부었냐고 한다네요.

곱디 고운 손은 바라지도 않지만 몸이 잘 붓고 호르몬 영향인지 기분도

왔다갔다 한답니다. 이대로 쭉 살다가 가는 것은 억울하대요. 아이들 바라보며 뒤치다꺼리하다가 남편이랑 둘이 산다고 상상해보니 이렇게 앞으로 끝까지 살 수 있을까? 요즘 숙제랍니다.

자신을 책임질 능력이 있어야 하는데 이혼이라도 당하면 식당에서 설거지밖에 할 게 없는데. 늦지 않았다고 희망을 가져 보라고 하지만 배우자는 그 마음이랍니다. "감히 여자가 어딜… 내가 적게 주는 것도 아닌데 무슨 사회생활이야?" 나가면 고생이라고 감시하는 남편이랍니다.

6장

자식복

자식복 선의 의미

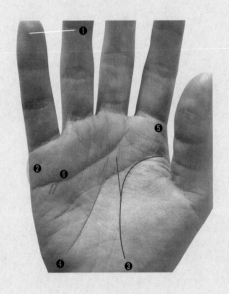

약지 손가락의 손톱 마디 선이 소지 손가락을 뛰어넘으면 ❶(하얀색) 자식복이 많다고 합니다. 그러면 유난히 짧은 사람은? 건강도 신장 쪽이 안 좋을 수 있지만 자식하고 연이 어렵고 힘들 수도 있다고 보면 됩니다.

그다음 볼 수 있는 곳이 ❷결혼선(비취색)입니다. 결혼선이 선명하고 굵으면 아들, 짧고 연하면 딸이라고 해요. 끊어져 있는 부분은 자식과의 연이

돈과 운이 들어오는 손금 읽기

약해서 일찍 자식을 떨어뜨릴 수도 있습니다. 자식의 성공 여부는 자식 손을 봐야 하지만 그래도 부모라면 이런 결혼선을 갖고 있을 때 자식한테 큰 기대를 하기 보다는 자유로운 시선으로 한 발짝 물러서서 돌보는 것이 서로에게 이득입니다.

❸생명선(빨강색) 부근에 사수성가선이 있으면 자식이 부모 도움 없이도 성공하고자 하는 의지가 있습니다.

❹운명선(파랑색)처럼 월구에서 시작하면 생명선과 거리가 멀지요? 그래서 자식이 일찍 타향살이를 할 수도 있고, 일찍 부모의 품에서 떨어져 살 수도 있습니다. 부모와 일찍 떨어진다고 아이의 인생을 망치는 것도 아니니 너무 걱정하지 말구요.

파란색 지선❺이 올라가져 있는 부분은 자만심 선이라고 합니다. 자존심과 자만심이 있다고 하는 지선인데 역시 굵고 길면 아들, 연하면 딸이라고 합니다.

가장 많이 보는 것이 감정선 시작 부근의 지선❻(초록색)입니다. 소지 손가락 마디만큼 보다 더 많이 보는 부분입니다. 감정선 지점에서 위에 있는 것은 아들, 밑에 있는 것은 딸이라고 합니다.

그런데 스님이나 수녀님이나 비혼주의자들은 안 봐도 되지만 이런 지선이 있다면 자식 같은 아이들을 책임질 수도 있고, 형제가 많을 수도 있다는 점을 참고하면 좋을 거 같아요.

아들복이 있을까요?
딸복이 있을까요?

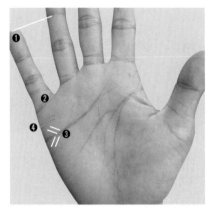

❶ 소지 손가락이 길다
❷ 수성구가 발달되어 있다
❸ 자식선이 위에는 아들, 밑에는 딸이다
❹ 결혼선이 선명하면 아들, 연하면 딸이다

자 식선이 발달되어 있다는 것은 수성구나 감정선의 발달을 의미합니다. 물론 손금을 보지 않아도 유난히 소지 손가락이 짧은 사람이 있습니다. ❶약지 손가락 손톱 마디 정도는 와야 보통이고, 손톱 마디를 넘으면 자식복이 있습니다.

짧은 사람은 아이디어가 많은 사람이기도 하나 생식기가 약하다는 의미도 있습니다. 특히 여성이 소지 손가락이 약한 분들이 많습니다.

❷수성구의 발달은 나의 사업성과도 연관이 있지만 자식도 됩니다. 나란히 젖가락 모양이 여러 가닥이면 자식 욕심이 많습니다. 남편보다 자식이 우선이고, 더 소중히 생각합니다. 그러나 그 지선이 끊어져 있거나 결혼

선과 만나서 하향해 있거나 복잡하면 자식으로 인해 낭패를 보기도 합니다.

❸감정선 위로 솟아오른 지선은 아들, 밑으로 내려와 있는 지선은 딸로 봅니다. 그런데 결혼선 자체도 봅니다. ❹결혼선처럼 선명하고 길면 아들 넉, 연하면 딸넉이라고 합니다.

• 에피소드 •

다단계의 늪

자식복을 알려면 자식의 손을 직접 봐야 정확합니다. 아이들의 손을 찍어 와서 볼 때 느끼는 것이지만 어린 친구들일수록 손금의 완성이 덜 되어 있습니다. 지선이 다 완성이 안 돼서 명이 짧아 보이고, 두뇌선 감정선이 그나마 발달되어 있는 아이가 있으면 신기할 정도입니다.

운명선도 마찬가지입니다. 순수한 영혼, 어디로 튈지 모르는 아이일수록 운명선이 없습니다. 그래서 부모는 아이가 뭐가 될지, 어떤 공부를 시켜야 할지, 꿈이 뭐냐고 물어보면 꿈이 없다고, 되고 싶은 것이 없다고 그런다네요.

그런데 요즘 인성 문제가 화두가 되니 아이가 성공하려면 인성이 잘 되어 있어야 한다고 이야기합니다. 시간이 지나 내 아이가 공인이 되었을 때 학폭에 연루되었거나 친구에 원한 관계가 없는지도 다 따져봐야 할 시대가 되어버린 거죠. 어디로 튈지 모르는 운명선이 잘 발달되어 있으면 크게 어긋나지 않습니다.

그런데 운명선이 발달되어 있지 않고 생명선도 연하고 클수록 잘 살펴볼 필요가 있습니다. 10대가 넘어가면서 손금이 서서히 자리 잡기 시작합니다. 이때도 운명선과 생명선이 연하거나 약하면 내 아이는 강한 아이한테 휘둘릴 가능성이 크니 꼭 멘토 같은 스승이 있으면 좋습니다. 운동 학원의 관장 등과 상담하여 아이의 성향을 파악하거나 조언을 구하는 것이 현명하지 않을까 합니다.

애지중지 키워놨더니
답답하기만 한 내 자식

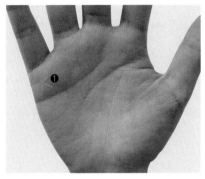
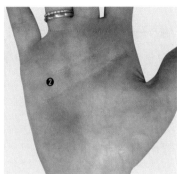

❶ 결혼선이 끊어져 있거나 하향해 있거나 약하다
❷ 수성구 밑 감정선이 약하거나 섬무늬가 많다

결혼선은 배우자를 말하기도 하지만 자식도 된다고 했지요? ❶결혼선이 갑자기 급하향하면 배우자는 속 섞이지 않는데 자식이 속 썩일 수도 있습니다. 결혼선이 연한 것도 마찬가지입니다. 관심을 가지고 들여다 보세요.

자식 앞에서 약한 것이 부모지만 내가 어느 정도 손금을 읽을 실력이 있으면, 자녀의 손을 보고 마음을 어루만져 주며 응원해주면 더 좋습니다. 떨어져 있는 자식이라면 자기 손금에 이상 징후가 없는지 확인해 보는 것도 좋을 것입니다.

❷수성구 밑 감정선 자체가 지저분하면서 섬무늬가 많은 것도 내 욕심

을 다 소화해 내지 못한답니다. 이것저것 시켜 보고 몇 억 들었다 해도 평범하게 지내는 자식이 있습니다.

자식을 잘 돌봤다고 하지만 그것은 잘 돌본 것이 아닙니다. 정확한 것은 자식의 손도 봐야겠지만 내 손금에 수성구가 지저분하다면 나보다는 아이의 기준으로 바라봐 주는 인내심이 있어야 합니다.

참고로 소지 손가락이 약지 손가락 손톱 마디에 못 미치면 자식복이 없다고 했습니다. 그러나 여자 자궁이 약하다는 것일 수도있고, 어렵게 임신하여 얻은 귀한 자식일 수도 있으니 20대부터 자궁관리에 신경 써야 할 것입니다.

자식 교육에 정답이 있으면 얼마나 좋을까요?

유치원 때부터 선행학습을 시키고, 초등학교 6학년 때까지 오로지 책과 씨름한 아이가 있습니다. 아이는 그 단어의 의미와 뜻을 기가 막히게 이야기하곤 했는데 지금은 대학생이 되어 있네요.

잘 컸냐구요? 아니요. 엄마는 그냥 평범한 주부였는데 늘 바빴습니다. 약속이 많았어요. 아이들을 학원에 맡길 수 있다는 것이 자신의 시간을 가질 수 있는 행운이었죠. 그랬더니 어느 날 아이가 롤이라는 게임에 빠져서 헤어 나오질 못 하더랍니다. 성격도 변하고 사춘기가 심하게 온 거죠.

중학교 때부터 학원을 다니지 않았습니다. 기본 실력이 있으니까 압박하지도 않았지요. 게임을 못하게 하면 집을 나가 들어오지 않고, 친구집에서 지내고 올 정도였답니다.

　결국 부모는 아이를 자유롭게 놔두기로 하고 믿었는데 역시 고등학교까지 아이는 게임을 놓지 않았습니다. 대학생이 된 이 친구는 학교도 안 가려고 했대요. 이 친구를 볼 때 손금의 누뇌선이 막쥔금이었습니다.

　막쥔금은 잘되면 엄청 잘되는 아이인데 한편으론 아쉽더라구요. 대학교 이후에 철이 들려나 기대해 보긴 하지만 아이의 재능을 찾아주지 못한 것도 아쉽고, 소심하고 말 없는 아이일수록 속내를 절대 얘기하지 않는구나 하고 느꼈답니다.

아이가 없으면
자식복은 안 봐도 되나요?

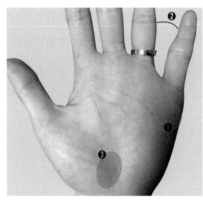

❶ 감정선 시작 부근이 연하거나
   지저분하다
❷ 소지 손가락을 펼 때 유난히
   벌어져 있다
❸ 생명선 하단이 연하거나
   지저분하다

감정선❶의 시작 부근은 자궁을 말합니다. ❸번은 남자의 생식기를 말합니다. ❷번은 남자든 여자든 손바닥을 펼 때 유난히 소지 손가락이 벌어진 모양을 하고 있으면 아이디어가 넘치는 사람입니다.

자식을 보지 않아도 여러 가지 해석이 됩니다. 불임 판정을 받는 경우, 나팔관에 이상이 있는 경우, 양손 중 한 손이 이렇게 약할 수도 있고, 양손 다 그럴 수도 있습니다.

감정선이 아들이라고 말하는 부분과 딸이라고 말하는 부분이 지저분하게 많으면 형제가 많다거나 형제를 챙겨주거나 챙김을 받는 경우입니다.

7남매 중 막내라든지 아니면 내가 가장 역할을 해야 해서 형제지간을 다 챙기는 경우도 있습니다. 굳이 아이를 낳아서 키우고 책임지는 게 싫다는 분들도 보면 보기처럼 셋 중 하나에 들어 강요하지 않고 있습니다.

사주에는 아이가 없다고 했는데

무자식이 상팔자라고 자식 없이 잘 사는 부부가 있습니다. 고등학교 동창인데 몸이 조금 약했어요. 빈혈기가 좀 있어 잘 쓰러지고, 직장에 들어가서도 오래 버티지 못하고 나오곤 했습니다. 그래도 든든한 남자를 만나 결혼하더니 여러 번 임신 시도를 했지만 3년여 끝에 포기하더라구요.

장손이냐 장남이냐에 따라 며느리를 호되게 압박하는 시부모가 있는데 아무리 간절히 원해도 아이는 힘들더라구요. 희망적인 이야기를 해주고 싶지만 체격이 좋은 게 아니라서 마음 아팠던 기억도 있습니다.

한 친구는 사주에는 아이가 없다고 했는데 인공으로 아이를 낳았네 하고 맞추더랍니다. 쌍둥이 낳고 잘 살고 있어요. 아이가 어떻게 커 나갈지 지켜봐야 하겠지만 쌍둥이를 갖기 전에 매일 전복을 쪄서 먹고, 임신이 잘 되는 한약도 먹고, 인공수정 3번 만에 성공했답니다.

허리가 부실한 남자 후배는 결혼하고 7년 동안 아이가 없길래 남자는 허리가 생명이라며 약을 올리곤 했습니다. 그런데 어느 날 이혼하고 바람 쐬러 돌아다니더니만 여행에서 알게 된 여자와 눈이 맞아 과속을 했지요. 지금은 딸 둘의 아빠입니다. 허리가 문제가 아니라 궁합이 문제였던 거죠.

부모 도움 없이 자수성가하는 자식

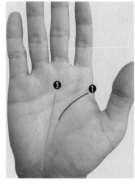

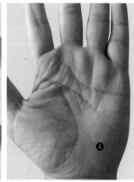

❶ 생명선 두뇌선이 떨어져 있다
❷ 자수성가선이 있다

❸ 운명선이 손목 위에서 올라간다
❹ 월구에서 운명선이 올라간다

4번처럼 운명선이 월구에서 올라가면 마음고생을 많이 한다는 의미이지만, 생명선과 멀리 떨어져 있어서 일찍 부모에게서 독립한다는 의미도 있고, 스스로 성공한다는 의미도 있습니다. 특히 ❸번과 같이 올라가면 철이 빨리 들고 자수성가합니다.

❶번도 역시 부모와 일찍 떨어질 수도 있습니다. 성공하느냐 마느냐는 다른 지선도 발달되어 있어야 합니다.

❷번 역시 자수성가선이 있으면 결국 자기 스스로 벌어서 성공한다는 의미입니다.

완성된 아이의 손금

아이들의 손금을 볼 때 이미 완성된 손금도 있습니다. 그런 아이일수록 철이 빨리 들고, 세상을 보는 시야가 좁지 않고 다재다능하고 어른스럽습니다. 어른들과 대화가 통할 정도로 친구 같은 면모도 있고 듬직합니다.

그런 아이들은 호불호가 정확하기 때문에 학원을 보낼 때도 무작정 보내기보다는 상의해야 하며 어떤 일을 제안할 때도 오래 대화해야 합니다.

얼굴도 반반하고 연예인을 시켰으면 좋겠다고 하는 부모가 아이의 손금을 찍어서 보내줬는데 잔금이 너무 많더라구요. 그런데 동생이 장애아였습니다. 그래서 그런지 일찍 철이 들었어요. 부모가 늘 큰 아이한테 부탁을 많이 해서 그런가 봅니다. 혹여 부모가 없으면 네가 동생을 돌봐야 한다고 누누이 이야기했다고 합니다.

아이는 지금 중학생인데 공부도 잘하고, 음악 미술도 잘하고, 다재다능하더라구요. 잔금이 너무 많아 스트레스가 걱정되긴 하는데 자기 진로에 대해 아빠한테 터놓고 이야기했대요. "아빠, 저 음대 가고 싶어요." 한 번도 하고 싶다고, 밀어 달라고 이야기하지 않아서 너무 놀랐고, 어떻게 해야 하나 돈도 많이 들텐데 고민하다 밀어주기로 했답니다. 학교 끝나면 음악학원에 가는 딸의 발걸음이 그렇게 가벼워 보일 수가 없답니다.

부모와 대물림이 가능한 자녀

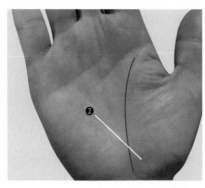
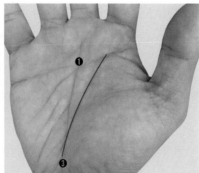

❶ 손목에서 시작거나 생명선 근접해서 시작하는 운명선이 있다
❷ 생명선 안쪽에서 올라가는 지선이 있다
❸ 생명선이 과중하게 중지 선상에 넘었다

3가지가 다 있으면 대물림이 가능합니다. 그런데 생명선이 짧거나 양
손이 다 다르거나 하면 자식이 재산을 탕진할 수도 있고, 다른 걸 해
본다고 재산을 미리 끌어당길 수 있습니다.

❷안쪽으로 올라가는 운명선은 그 시기에 목돈이 생긴다거나 부모의 도
움을 받을 수 있습니다. 재물선이 여러 가닥 있거나 자수성가선이 하단에
있다거나 하면 역시 재산이 늘어날 수도 있고 대물림이 있을 수 있습니다.

❶손목 위에서 아니면 생명선 근접해서 시작하는 운명선이 곧게 잘 올
라가면 조상복도 있다고 할 수 있습니다.

80세 된 부모의 사업을 물려받자니

큰 식당을 하는 부모가 있는데 내가 맡아서 해야 하나 고민인 딸이 있습니다. 그녀는 음식과는 전혀 인연이 없고 음대를 나왔습니다. 다른 자식들은 대성해서 해외로 나가서 살고 있고, 맡아서 할 사람이 자기밖에 없다고 하더라고요.

그녀의 손금 생명선 하단에 자수성가선이 있습니다. 그 선을 보고 다른 지선도 봤는데 수성구의 어학선이 발달되어 있습니다. 무슨 일을 했냐고, 가리키는 일이 아니냐고 하니 입시생 위주로 실용음악을 가리키고 있다고 하더라구요. 음악 학원이면 모르겠는데 음식점은 자신에게 와 닿지 않고 바쁠 때 가서 카운터를 봐주는 것이 전부였답니다.

이제 부모의 연세가 80세가 되어 가니 놓고 싶다고 하셨나 봅니다. 팔기에는 너무 아깝고 2대째 한식을 해왔다고 합니다. 그리고 그 음식점을 운영하여 자식교육이며 재테크며 큰 굴곡 없이 지내왔기 때문에 딸이 이어받고, 그다음 세대에도 물려줬으면 하는 것이 부모의 바람이랍니다.

어떻게 되었냐고요. 지금은 그녀가 가게에 상주하며 일을 하고 있어요. 코로나 때문에 손님이 많이 줄었지만 이때 배워나가는 것이 맞다고 아주 열심히 하고 있답니다.

자식 키우기란 자녀에게 삶의 기술을 가르치는 것이다.

_ 일레인 헤프너_

7장

일복

일복 선의 의미

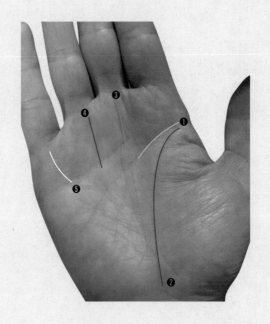

일복선을 보려면 생명선과 두뇌선의 떨어짐을 보느냐, 운명선의 모양을 보느냐, 재물선을 보느냐, 사업선을 보느냐 입니다.

생명선 두뇌선의 떨어짐❶은 전문직 계열 또는 프리랜서가 어울리며 활동적인 일이 잘 맞습니다.

❷생명선(빨간색)이 길고 굵으면 활동적인 일이 어울리고, 사무직이어도 돌아다니거나 자기 자리에 오래 앉아 있지 않는 일이 적합하며, 생명선이

짧으면 외국계 회사나 어학 등 출장이 잦은 일이 맞지만 자주 이직할 수 있는 단점이 있으니 주의가 필요합니다.

❸ **운명선(파란색)**은 손목에서 올라가면 대기업 공공기관이 잘 맞고, 월구에서 올라가면 예술계가 잘 맞으며, 제2화성구에서 올라가면 서비스 업종이 잘 맞습니다. 운명선이 굵으면 일복이 많은 것이고, 연하거나 없으면 환경에 의해 맞춰 사는 사람이며, 꿈을 쫓아서 하기보다는 우연한 기회에 일을 하게 된다거나 전공이 아닌 길을 가게 됩니다.

❹ **재물선(보라색)**은 일하는 데 있어서 안정적이냐, 그렇지 않으냐를 보게 됩니다. 굵고 선명하게 잘 올라가져 있으면 공무원이나 공공기관 등 월급 생활이 잘 맞고, 휘어져 올라가거나 끊어져 있거나 없으면 꾸준한 수입원보다는 불규칙적인 일, 재물을 뜻한다고 보면 됩니다. 재물선이 두 개면 전문직 종사자이고, 세 개 이상이면 재물 욕심이 많고 재테크에 능하다고 볼 수 있습니다.

❺ **사업선(하얀색)**은 사업가로서 일복이 많지만, 연하게 두 개 있으면 어학이나 말로 벌어먹고 산다거나 전문직의 계열로 가게 됩니다. 재물선이 뚜렷하고 어학선이 있으면 학교 교사가 어울립니다. 사업가는 사업선이 무조건 있어야 하는 건 아니고, 그 외 자수성가선도 영향을 줍니다. 사업선이 공무원과 거리가 먼 것도 아닙니다. 다만 수성구의 발달은 수학적 머리와 두뇌회전이 빨라서 회계사, 세무사 등이 어울립니다. 사업선이 굵고 선명하면 결국 자기 사업으로 성공하는 것이니 직장생활을 하다 사업하고 싶다면 수성구의 발달과 사업선이 뚜렷하게 있는지 살펴보면 좋습니다.

말년까지 일만 해야 할까요?

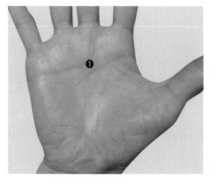

❶ 운명선이 감정선 위로 선명하다

나이대에 상관 없이 손바닥을 다 폈는데 중지 손가락 부근 감정선 위로 진한 운명선이 있습니다. 그러면 말년까지 일을 한다는 의미입니다. 젊은 친구들 같은 경우는 운명선이 연하다가 감정선 위로 선명하면 일복이 많을 수도 있습니다.

❶운명선이 없다가 뒤늦게 올라가기 시작하고 감정선에서 선명하면 55세부터 성공하는 의미라고 옛 책에 적혀 있습니다. 그러나 현대 사회에서 55세는 퇴직할 나이입니다. 여생을 재테크 또는 자기가 하고 싶은 취미 활동을 하며 살아가야 하는데 그때 일을 해야 한다니 조금 당황스럽지요.

공무원으로 퇴직해도 다른 중소 기업이나 또 다른 기관에 몸 담을 수도 있고, 공부를 더 하고 싶어 학교에 들어가 자기 배우고 싶은 것으로 커리어를 쌓을 수도 있으며, 부동산 자격증에 도전해서 공인중개사 쪽으로 갈 수도 있듯이 말년에 뭔가에 도전하는 경우도 해당됩니다.

일이라고 받아들이기보다는 기회라고 받아들이면 어떨까요?

· 에피소드 ·

말년까지의 일복

60대에도 일해야 하냐고 묻는 아주머니예요. 당시 50대였는데 식당을 운영하고 계셨는데 금손이었어요. 손금이 좋아서가 아니라 요리를 참 맛있게 만드는 분이었습니다. 그런데 감정선 위로 운명선이 넘어가 있더군요.

"평생 노력해서 돈 벌어야겠네요" 했지요. 그랬더니 내 팔자는 왜 그러는지 모르겠다면서 눈에 보이면 몸이 자동으로 움직여진답니다. 집에서도 열심히 살림을 하세요. 피곤해서 쉬고 싶을텐데 치우는 것이 병이 되어버렸을 정도로 정리정돈을 잘합니다. 통도 크세요. 아들 며느리 주고 싶은 거다 퍼주고, 손자 손녀도 나 있을 때 도와주는 거라면서 베푸세요. 주변에 사람이 끊이지 않아서 좋은데 50대 몸 다르고 60대 몸 다르잖아요. 건강관리 잘하라고 했습니다.

새해 첫날, 젤 먼저 벌을 봤어요. 그랬더니 엄마가 그러네요. 벌을 보면 올 한 해 열심히 일하라는 징조라고. 개미를 보면 잘 산다는 것이래요. 에 잇! 저는 벌을 먼저 봐서 올해 일복이 터질라나 봅니다.

대기업 공공기관 등
이름 있는 곳에 인연이 많은 나

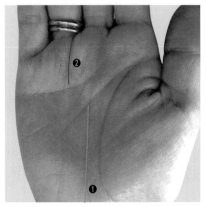

❶ 운명선이 손목에서 시작했다
❷ 재물선이 감정선 위로 잘
올라가져 있다

손목 위에서 시작하는 운명선❶을 가진 분들을 보면 대개 보수적이고 안정적인 생활을 원하는 분들이 많습니다. 조상의 기를 받아서 그런지 몰라도 나라 밥 먹는 사람들이 많고, 이름 있는 기관에 속한 사람들이 대부분이더군요. ❷재물선까지 잘 올라가주면 평생 그 직업으로 올라갈 수 있는 데까지 올라가라고 일러줍니다. 중간에 나오면 또 다른 곳에서 잘 나갈 수 있지만, 슬럼프에 빠져 몇 년 고생할 수도 있기 때문에 웬만하면 한우물을 파라고 합니다.

운명선이 중간중간 여러 가닥으로 끊어져 올라가면 직장이 바뀌는 운이기 때문에 위험 부담이 있습니다. 그런데 곧게 끊어짐 없이 올라가면 진급도 하고 그 자리에서 장이 될 수도 있습니다. 양손 다 그러면 더할 나위 없지만, 한 손만 그렇다면 다른 기회가 와도 중립을 지켜 선택해야 합니다. 한때 거기 있었다고 추억으로 이야기해도 다시 갈 수 없는 곳이기에 선택을 잘해야 합니다.

· 에피소드 ·

부러운 손금

제일 부러워하는 손금이 이겁니다. 손목에서 운명선이 시작하는 것, 그리고 재물선이 감정선에서 예쁘게 올라와 있는 것.

통계를 내보니 이런 사람들이 점잖게 잘 살아가고 있더라고요. 자기가 하는 일에 최선을 다하기도 하지만 이름 있는 곳, 알아주는 곳에서 자기 능력을 발휘하고 있더라고요. 의사든 검사든 변호사든 또 대기업이든 공공기관이든.

저와 신랑은 월구에서 운명선이 시작합니다. 둘은 다시 돌아가는 타임머신이 있다 해도 20대로 돌아가기 싫다고 해요. 그만큼 고생을 많이 했으니까요. 그렇게 잡아 주는 끈이 있었다면, 그 끈을 따라갔더라면 운명은 많이 바뀌었을 겁니다.

내가 운명선이 곧게 올라가져 있다면 선생님을 하고 있지 않았을까? 신랑은 의학 분야에 있지 않았을까 해요. 그래서 서로 안 만났을거라고, 농담 삼아 이야기합니다.

이것저것 다양한 일을
해보는 경험자

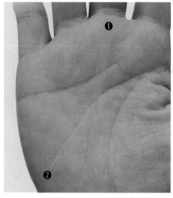

❶ 운명선이 없다
❷ 운명선이 월구에서 시작한다

손금을 아는 분들은 운명선이 직장과 인연이 있다고 어렴풋이 압니다만, ❶운명선이 아예 없고 깨끗한 사람이 있습니다. 현실에 충실한 경우가 장점이라면, 꿈이 없다는 것이 단점입니다. 되고 싶은 것도 없고 그냥 환경에 맞춰 살다 보니 살아진다는, 그런 의미가 강합니다.

그러나 이 일 저 일 안 해본 것이 없는 사람같이 다양한 경험을 합니다. 예를 들어, 연기자나 음악을 하는 사람의 경우 당장의 수입 때문에 여기저기 알바를 옮겨 다니며 할 수도 있고, 어느 회사에 들어갔는데 해보다가 맞지 않아 금방 그만 둘 수도 있습니다.

❷번의 월구에서 올라가는 운명선은 마음고생을 말합니다. 그러나 꼭

예술이 아니어도 그런 끼를 갖고 있지만 평범한 직장생활을 하는 사람이 있습니다. 그런데 자주 옮기기도 하지요. 월구에서 시작했지만 재물선이 튼튼하면 그나마 잘 버팁니다.

❶번 ❷번처럼 하고 싶은 게 있는데 부모가 뒷받침이 되어 주지 못해서 고생하는 경우가 많다고 보면 됩니다.

• 에피소드 •

꿈이 있다면 포기하지 마세요

운녕선이 월구에서 올라간 사람은 마음고생, 몸고생을 많이 한다고 판단하면 됩니다. 꿈을 품고 있는 젊은이들이 이런 손금이라면 포기하지 않았으면 좋겠어요. 음악을 하는 사람도, 미술을 하는 사람도, 디자인을 하는 사람도, 연기를 하는 사람도…. 하다가 다른 길을 가는 경우가 많습니다.

특히 부부 연기자일 때 결혼하고 한 사람이 포기해야 하는 경우 여자가 많이 포기를 합니다. 아이 낳고 연기를 놓은 지 10년, 남편은 극단에서 연기를 하고 있습니다. 다시 연기하고 싶지 않냐고 하면 얼마나 간절했는지 눈물을 흘립니다. 다시 무대에 서고 싶다고, 한 번씩 연락은 오는데 자신도 없고 몸매도 말이 아니고, 집안의 가장 역할을 자신이 해야 해서 그리하지 못한다고 아쉬워합니다. 중년이 되어도 좋으니, 꼭 다시 무대에 서거나 TV에 나오는 날이 있을 거라며 꿈을 버리지 말라 했습니다. 그 마음고생한 만큼 빛이 나는 날, 언젠가 기회가 찾아오더라고요.

서비스 업종에 잘 맞는 나

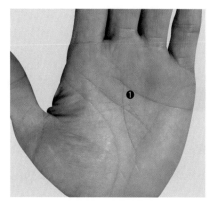

❶ 두뇌선 밑 운명선이
제2화성구에서 시작한다

두뇌선과 붙는 경우도 있고, ❶제2화성구에서 시작하는 운명선이 따로 있는 경우도 해당됩니다. 서비스 업종에 잘 맞는 예입니다. 예를 들면, 유통 쪽 아니면 사람을 상대하는 일, 가르치는 일, 사람과 마주해야 하는 영업 쪽도 해당합니다.

작은 가게를 하는 사람부터 병원 혹은 은행에서 일하는 사람 등 다양합니다. 사람을 상대하는 게 제일 싫다고 혼자 그림 그리며 살아가고 싶다고 해도 결국은 가르치는 일로 가듯이 피할 수 없는 것 같습니다.

양손 다 그러면 천생 사람을 상대하는 서비스 업종이 잘 맞다고 보면 되고, 한 손만 그렇다고 하면 타고난 것인지 현재인지를 봐야 합니다. 타고난 것인지 현재 손금인지는 주먹 쥐고 기도하듯이 깍지를 껴 보세요. 엄지가 왼손이 올라가기도 하고, 오른손이 먼저 올라가기도 합니다. 먼저 올라간 손이 타고난 손, 안에 있는 엄지가 현재 손입니다. 타고난 손금이 서비스 업종에 잘 맞는다면 천직인 것이고, 현재 손금이 서비스 업종이 잘 맞으면 살면서 어쩔 수 없이 가게 된다고 보면 됩니다.

· 에피소드 ·

친구의 손금을 보면서

제2화성구가 발달되어 있으면서 운명선이 멈춘 친구가 있습니다. 고등학교 친구인데 수능 끝나고 원서 쓰는 기간이었어요. "넌 학교 선생님이 될 거 같아" 했는데 교대에 진학했습니다.

또 한 친구는 제2화성구가 발달하고 운명선이 미발달했는데 잔선이 참 많았어요. 그래서 "넌 서비스 업종이 잘 맞긴 한데… 간호사 어때?" 그랬더니 "나는 피가 싫어" 하면서 아주 학을 떼더니만 20년이 지난 지금 병원을 그만 두고 조그맣게 핸드폰 매장을 하고 있습니다.

독실한 기독교 신자인 친구는 "넌 평생 학교에 남는 게 낫지 않아?" 했더니 지금도 학교에 근무하고 있어요. 초중등 때 친구들은 다 소식이 끊겼는데, 고등학교 때 친구들은 꾸준히 연락하고 지내다 보니 옛 생각이 나네요. 그 당시 친구들의 손바닥을 보면서 어찌 저리 과감하게 이야기했는지 제 자신이 신기할 따름입니다. 손금을 공부한 기억도 없는데 말이지요.

사업이 어울리는 나

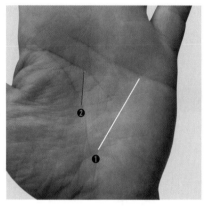

❶ 사업선이 있다
❷ 자수성가선이 있다

서비스 업종의 선도 있고, ❶사업선까지 있으면 자기 사업이나 가게를 해도 되고, 자기 가게를 하다 나중에 체인으로 넓혀 가도 되며, 제조업을 해도 됩니다.

운명선은 다 끊어져 있는데 ❷자수성가선이 있으면 남 밑에서 일을 잘 못합니다. 배우지 않아도 눈썰미가 있어서 또는 자기 레시피가 있어서 자기 가게를 하다가 넓혀 가는 사람도 있습니다. 도저히 자기는 사업이 안 맞다고 했는데 남편을 돕다가 자기 사업이 되는 경우도 있더라고요.

자수성가선은 말 그대로 자기가 스스로 벌어서 성공해야 하는 선입니다. 자기가 하지 않으면 안 된다는 의미도 있습니다.

프리랜서로 뛰든, 자기 밥벌이를 하며 살아가는 경우도 결국 자기 사업체를 차리게 됩니다. 내 손금에 자수성가선이 있다면 언젠가 그 기회를 만나게 될 징표라고 보면 됩니다.

· 에피소드 ·

자수성가선이 올라와 있는 사람들

자수성가선이 초년에 있는데 장애선이 지나가면 사업을 미루는 것이 좋습니다. 아무리 자수성가선이 튼튼하다 한들 장애나 방해를 받는 것이기에 오래가지 못합니다.

30살 즈음 자수성가선이 튼튼하게 있길래, 얼마나 장애선의 방해를 받나 보자며 상담실을 차렸다가 그냥 두 달 만에 접었습니다. 생각했던 것보다 가족이 방해가 되더라구요. 아이는 어렸지, 사무실이라고 오픈했는데 홍보는 어떻게 해야 하는지, 오피스텔로 오라고 했는데 간판은 없지 난감했어요. 그냥 사주카페에서 일하는 것이 나을 수도 있겠구나 싶었는데 그것도 시간 제약을 많이 받아서 두 달 만에 포기했습니다. 큰돈을 잃은 것은 아니지만 지금 생각해 보면 접길 잘했구나, 집에서 종종 오는 손님을 받는 것이 낫겠다 싶은 거지요.

뒤늦게 자수성가선처럼 올라와 있는 사람을 만나보면 대부분 자기 가게를 하고 있거나 부모가 하는 일을 도와주곤 하는데, 사업이 싫어도 자기밖에 할 사람이 없어 물려 받는 것까지 각오하고, 해야 하나 말아야 하나

갈림길에서 상담하러 오는 분들도 있습니다.

어렸을 때 부모가 음식점을 하는 것이 너무 힘들어 보이고, 관리하는 것이 힘들다고 자꾸 물어보니까 어쩔 수 없이 도와주다가 사업의 길로 뛰어들더라고요. 또 미용을 하다가 던킨 교육을 받고 사업을 차렸는데 코로나 때문에 힘들다 해도 배달로 잘 운영하고 있다고 하네요.

교육자가 어울리는 나

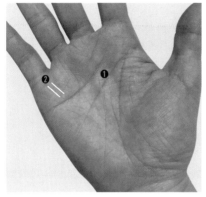

❶ 감정선에서 운명선이 멈춰 있다
❷ 소지 손가락 밑 부근에 젓가락
　모양의 나란한 지선이 두 개 있다

가르치는 일을 하는 사람은 많습니다. 과외를 하는 경우도 있고, 학원 강사를 하는 사람도 있고, 학교에서 가르치는 사람도 있습니다.

역시 손금도 다양합니다. 막쥔금도 있고 월구에서 올라가는 사람도 있습니다. 그런데 마지막에는 가르치는 일을 한다거나 강의를 한다거나 선생님 소리를 듣게 됩니다. 이 대표적인 것이 ❶감정선에서 운명선이 멈춘 모양입니다. 말을 조근조근 알아듣게 잘 이야기해서 주변 사람이 선생님 해도 좋겠다고 추천하기도 합니다.

막쥔금이지만 ❷소지 손가락에 젓가락 모양이 있으면 가르치는 쪽도 잘 합니다. 직업은 의사인데 학회에서 중요한 일을 한다든지 또는 대학에서 가르치는 일을 할 수도 있습니다.

아이들을 좋아하고 아끼는 사람들을 보면 감정선 시작 부근에 솟아오르는 지선이 있고, 감정선 위의 매력선이 예쁘게 나 있습니다.

선생님 소리 들으며 살아가네요

기간제 교사로 있다가 사립고등학교 시험을 봐서 정식 교사가 되는 경우도 있나 봐요.

친구는 기간제로 일하다가 결혼하고 애 낳고 나서 프리로, 과외식으로 일했습니다. 그러다 교사채용 공고를 보고 시험에 응시하여 덜컥 합격한 경우예요. 41살이었습니다. 다시 인생을 시작하는 기분이었대요.

1년 후 고3을 맡아 정신없이 살다가 개강하기 전 잠깐 짬을 내어 만나보니 좋아 보였습니다. 다 이룬 게 뭔지 여유가 느껴지더라구요. 아이들 잘 키우고, 배우자 잘 챙기며, 잘 해내고 있습니다. 부모의 도움이 없었다면 힘들었을텐데 적극 도와주어 교육자의 길을 걷고 있네요.

선생님 소리 들으며 살아가는 것도 이에 해당합니다. 감정선에서 멈춘 운명선, 그리고 젓가락 모양의 지선이 있으면 사람을 설득하고 들어주는 일을 잘하기 때문에 상담사나 사회복지사, 요양보호사, 어린이집 교사, 학원 등 다 해당되니 자신의 꿈이 있다면 도전해 보는 것도 좋을 거 같아요.

프리랜서 전문직이 어울리는 나

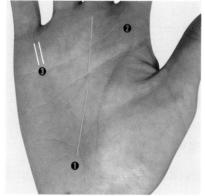

❶ 운명선이 연하거나 끊어져 있다
❷ 감정선 끝이 두 가닥이다
❸ 소지 손가락 아래 젓가락 모양이
있다

프리랜서 전문직은 남 밑에서 일을 잘 못하는 사람이기 때문에 ❶운명선이 연하거나 끊어져 있습니다. 감정선이 ❷번처럼 되어 있으면 사장 소리를 듣는다거나 전문직으로 가게 됩니다. 막쥔금의 사람도 전문직의 경우가 많습니다.

❸번처럼 젓가락 모양이면 말을 잘하고 설득력이 좋습니다. 박학다식하기도 하고, 자기가 아는 분야에서 인정을 많이 받습니다. 그래서 호감형이라 부르고 영업력이 뛰어나답니다. 요즘은 전문가 시대라고 먹방부터 시작해서 유튜버들이 많습니다.

요즘은 연예인보다는 유튜버가 꿈인 경우도 있고요. 역시 감정선 끝은 이름을 날리는 것, 소지 손가락이 젓가락 모양은 언변력이 높은 것, 구애 받지 않고 자기 일만 하는 사람은 운명선이 연한 경우가 이에 안성맞춤이 지요.

어떤 전문적인 일을 하더라도 건축이나 방송 관련 등도 이 3가지가 있으면 유용하게 잘 나간답니다.

언제까지 프리하게 살 수 있을까요?

안정적인 걸 원하는 사람이 있는가 하면, 자기 경력을 살려서 자유롭게 일 하는 사람들도 더러 있습니다.

예전에 책 발간을 도와 준 편집자가 생각나네요. 1년 후 박봉이라 나와 서 일을 해보겠다며 정식 상담을 요청했습니다.

결혼도 갈림길이라 프리하게 일하라고 했더니 거실을 서재식 사무실로 꾸며놓고 열심히 오더 받은 거 편집도 하고 자기가 쓰고 싶은 글도 쓰며 열심히 생활하고 있습니다.

특히 IT 계열에 계신 분들 중에 네이버나 다음, 큰 기업, 큰 신문사도 있 는데 오래 있지를 못 하더라고요. 미팅을 하고, 명함을 받고, 일 다 마무리 지어주면 어디론가 가고 없습니다. 이름 있는 곳에 오래 남아 있는 사람들 은 대단하구나 싶기도 하지만, 또 자기 꿈이나 목표를 위해, 또 스카우트 제의에 과감히 사표를 던지고 나가는 사람들을 보면 하나 같이 운명선이 안정되어 있지 않더라구요. 직업이 두어 번 이상 바뀌고 본업 외에 자기 일을 또 벌리고 있답니다.

애니메이터가 꿈인 친구들이나 게임 프로그래머들을 보면 바닥부터 올라와서 어느 정도 경험을 쌓은 다음 자기 것을 만들어 보겠다고 나가는 것도 여기에 포함됩니다.

언제까지 이렇게 프리하게 살아야 할까요? 안정적인 곳에 있고 싶다고 하지만, 자신과 맞지 않다는 것을 먼저 깨달아야 하지 않을까요?

연예인이 어울리는 나

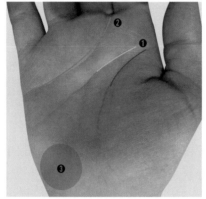

❶ 생명선과 두뇌선이 떨어져 있다
❷ 감정선 끝이 검지와 중지 사이로
   곧게 올라가 있다
❸ 월구가 발달되어 있다

대표적인 것이 이 3가지입니다. 매력선이 있다거나 또는 두뇌선이 월구로 가 있다는 것도 의미는 있지만, 대표적인 것은 ❶번처럼 되어 있는 연예인이 정말 많습니다. 옛날에는 ❶번처럼 되면 부부가 이혼한다고 했습니다. 그만큼 외골수적 성격이 있고, 자기밖에 모르기도 하며, 4차원 기질이 있습니다. 한마디로 평범하지 않습니다. 평범하게 사는 사람이 몇이나 될까 할 정도로 생명선 두뇌선의 떨어짐은 신기하게 개성이 강하답니다.

❷번처럼 감정선 끝이 곧게 올라가 있는 사람들은 음악과 연기가 가능합니다. 열정도 있고 감성도 발달되어 있어서 순간 집중을 잘합니다. 사랑

에도 올인하기 때문에 위험합니다. 아니다 싶은 연애를 한다거나 차도남 같은 사람에 푹 빠진다거나 헤어 나올 때는 이혼을 하기도 하고 별거하기도 합니다. 순간의 사랑에 집착하는 것만 고치면 슬럼프 없이 잘 나갈 수 있는데, 그게 좀 아쉽답니다.

❸번은 이성적이고 객관적인 것보다는 상상력이 뛰어납니다. 역시 4차원 기질이 있습니다. 월구가 발달되어 있는 사람들은 운명이나 손금, 철학에도 관심이 있고, 점을 좋아하기도 합니다. 상상력이 뛰어나니 작사나 글 쓰는 사람들이 대개 그렇습니다.

· 에피소드 ·

잘나가는 연예인도 있지만

잘나가던 연예인입니다. 지금도 티비에 잘 나옵니다. 금성구가 너무 두툼해서 다정다감하고 매력도 있고 사람도 좋아하고, 가수지만 연기도 인정받고 그랬는데 꿈이 중국 진출이었습니다. 10년 전이었으니까 자기 관리에 여념이 없다가 트레이너가 먼저 상담받고 데리고 왔습니다. 운동도 너무 좋아하고 잘하는 딴딴한 근육맨이었습니다. 메이크업을 지우고 와서 못 알아보다가 가까이서 보니 그냥 일반인 같았어요. 그룹의 멤버였는데 이 순수한 열정이 지금도 계속되고 있어서 보기 좋았습니다.

반면, 한때 TV에 잘 나오다가 들어간 배우도 있습니다. 감정기복이 심하고 연기를 너무 잘하는데 지금은 네이버에 검색해야 알 듯 말 듯한 배우입니다. 지금은 조용합니다. 안타깝지요. 언제 이름을 날릴 수 있겠냐 절박하게 물어봤던 기억이 납니다.

아는 선생님의 아들이 연예인이 되고 싶어서 열심히 프로필을 찍어 보여준 적이 있습니다. 연기를 잘한다고 하는데 후광이 나고 그러진 않았어요. 지금은 타로를 하고 있습니다. 유튜버로 유명하다 해서 방송 타신 분들을 보면 얼굴이 반반한 타로쌤들 나오잖아요? 그들도 어쩌면 배우의 꿈을 접었을지도 모르지요.

예술가가 어울리는 나

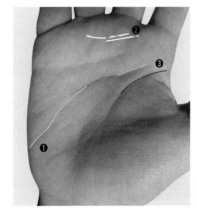

❶ 두뇌선이 월구로 가 있다
❷ 감정선 위에 매력선이 많다
❸ 생명선 두뇌선이 떨어져 있다

월구가 발달되어 있거나 막쥔금이거나 또는 감정선이 검지와 중지로 가 있거나 다양합니다. 그래도 대표적인 것이 ❶두뇌선이 월구로 가 있으면 마지막까지 예술가의 길을 고집합니다. 돌고 돌아도 마지막은 자기가 원하는 일을 하게 됩니다.

❶번은 예술가의 기질이 강해 사회생활을 하더라도 조심해야 하는 부분이 있습니다. 양손에 다 있으면 더 강하고, 한 손만 그렇다면 환경상 포기하거나 그럴 수 있습니다. 양손 다 그러면 사회생활을 잘 못하는 경우가 있습니다. 사회생활을 하더라도 소수와 어울리며 해야지 사람이 많은 곳에서 일하면 튀어나올 수도 있고, 사기를 당할 수도 있습니다.

❷번의 경우는 아이디어와 순간의 재치가 뛰어난 사람입니다. 매력이 많기도 하고, 다재다능합니다. 지금 직장생활을 하더라도 취미활동으로 하다가 나중에 직업이 될 수도 있습니다. 그래서 매력선이 많은 ❷번의 경우는 개발자가 되면 참 좋을 듯합니다.

❸번은 역시 연예인 기질이 있다고 했지요? 가족과도 일찍 떨어져 독립하며 고생을 사서 할 수도 있지만 그 선택에 후회하지 않습니다. 모험을 즐기기도 하고 역마가 발달되어 있어서 돌아다니는 직업군을 선택합니다. 마지막까지 자기 하고 싶은 일을 하며 살아간다고 보면 됩니다.

· 에피소드 ·

열정이 대단한 예술가

철부터 시작해서 종이까지 다양하게 조각하는 예술가입니다. 교수 임용을 준비하다 잘 안돼서, 시골에 작업실을 마련하여 열심히 왔다 갔다 하며 가정도 돌보고 전시를 준비하고 있습니다. 열정이 참 대단하세요. 예술이 아니었음 지금 뭘 할까, 스케일이 엄청 크다고 생각하면 됩니다. 방송에 몇 번 나오기도 하고 기사도 나고 여러 번 전시도 하고 상복도 있습니다.

이 분이 궁금한 것은 늘 표절과 상복입니다. 비슷하지만 다른 그런 작품이 많잖아요. 자기 것을 보고 베끼는 걸 못참아 소송까지 불사할 정도입니다. 예술 하는 분들은 그게 자존심이고 명예니까요. 최종 목표는 학교에 들어가는 것이지만 여유가 생기고 당당함이 묻어 나서 기분이 좋답니다.

돈과 운이 들어오는 손금 읽기

운동 스포츠가 어울리는 나

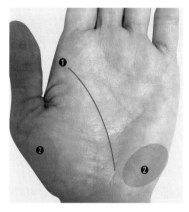

❶ 생명선이 중지 선상을 넘었다. 또는 지선이 나와 생명선과 붙어 있다
❷ 금성구, 월구가 발달되어 있다

운동선수를 보면 구가 발달되어 있고 선 자체가 선명하고 단순합니다. ❷번처럼 금성구가 발달되어 있고 월구까지 발달되어 있으면 타고난 체력이 있습니다. ❶번처럼 생명선이 중지 선상에 과도하게 나와 있다거나 지선의 하단이 생명선에 붙어 있으면 역시 운동하고 인연이 있습니다. 감정선과 두뇌선도 봐야 하지만, 이 두 가지가 대표적으로 잘 갖춰져 있으면 한때 운동선수였다가 다른 길을 가기도 합니다.

만약 두뇌선이 길고 이 두 가지가 발달되어 있으면 운동선수였다가 운동 관련 가르치는 쪽으로 가기도 하고, 감정선이 길면 자존심이 세서 더 올라가려고 노력하는 사람입니다. 그런데 생명선 두뇌선이 짧고 월구와 금성구가 발달하면 욱하는 성질도 있으니 조심해야 합니다. 다혈질 성격으로 자기 인생이 한순간에 무너질 수도 있다는 점 참고하기 바랍니다.

· 에피소드 ·

다시 마음 잡고 재활하고 있어요

축구 선수들은 인대가 틀어지면 선수생활을 마감해야 합니다. 이름 있는 선수들을 보면 하나같이 몸이 성한 곳이 없어요. 이를 보듬어 주고 챙겨주는 배우자를 만나야 하는데, 한가족이 되는 거라 신경 쓸 일이 더 생기니 신중할 수 밖에요. 이렇게 이름을 날리려면 돈 들어가는 것 외에도 시간과 노력, 자기 관리에도 전쟁이었을 것 같단 생각이 들어요.

축구 선수가 되고 싶다고 해서 늦게 시작했는데 2년 이상 일찍 시작한 아이들이 태반이었답니다. 2년을 공들이다 아니다 싶어 아들과 상의했답니다. 밀어줄 돈이 없는 것이 아니라 더 이상 실력이 안 느는 거 같다고. 결국 아들도 수긍하고 열심히 공부하기로 마음먹었답니다. 이제 고1이네요.

축구 선수가 꿈인 아이가 있는데 집이 너무 가난해요. 시부모와 부모가 도와준다고 합니다. 손자 잘 되라며 열심히 지원해 주세요. 스카웃 제의를 받을 정도로 잘 나갔지요. 최근 부상을 당했는데 슬럼프가 왔는지 그만두고 싶답니다. 엄마가 잘 생각해보라며 코치, 감독하고 상담했나 보더라고요. 그런 노력이 있었는지 다시 마음 잡고 재활하고 있습니다. 먼 훗날 손흥민 정도는 아니어도 이름 날릴 일이 있을 거에요. 응원합니다.

11

기자 등 돌아다니는
직업이 어울리는 나

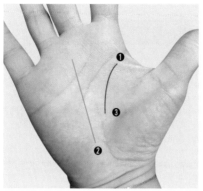

❶ 생명선 두뇌선이 떨어져 있다
❷ 운명선이 약하거나 여러 가닥으로
올라가져 있다
❸ 생명선이 가다가 말았다

돌아다니는 직업군은 많습니다. 대표적인 것이 영업하는 사람 또는
로드매니저, 기자 등입니다. 생명선이 발달되어 있는 사람도 있지
만 생명선 자체가 가다가 만 사람처럼 되어 있으면 역시 역마와 인연이 많
습니다. 엉덩이가 들썩들썩한다고, 앉아 있는 사무직과는 거리가 멀 수도
있습니다. 또한 어학선이 발달되어 있어서 말을 잘하거나 변호사 관련 일
도 마찬가지겠지요?

❶번도 역시 마찬가지입니다. 집중력이 좀 떨어질 수 있습니다. 물론 두
뇌선까지 좋으면 공부는 잘할 수 있습니다만 떨어져 있다는 자체가 사무
직과는 거리가 멀 수도 있습니다.

❷번처럼 다양한 경험을 한다는 의미이고 3번처럼 여기저기 돌아다니는 직업군이 적합합니다. ❸번 선 하나만 보면 자존감이 좀 낮을 수도 있지만 다른 선들이 튼튼하고 선명하면 돌아다니는 직업군에 해당합니다.

역마가 들어있으면 가만 앉아있지 못하죠

생명선과 두뇌선이 떨어져 있는 초등교사를 만난 적이 있습니다. 선생님이면 공무원 손금인데 초등교사를 하며 취미생활을 즐기고 있었습니다.

취미는 연기였습니다. 신기하죠? 초등교사인데 재주가 다양했습니다. 아이들의 순수함을 읽을 줄 알고 어루만져 주고 영혼이 맑은 분이라고 보면 될 거 같아요. 그런데 배우자를 잘못 만나 구속받고 살다가 자유가 된 지 얼마 안 됐다고 하더라구요. 구속당하는 것이 싫어 아들이랑 뛰쳐 나왔다가 겨우 이혼 도장 찍고 자유가 된 거였어요. 아무것도 없이 빈 몸으로 나왔다고 합니다. 직업을 포기하고 싶지만 살아야 하니까 어쩔 수 없이 교사를 하며 자기 꿈을 위해 도전하는 분이었습니다.

출판 관련 영업을 하는 분인데 운명선이 여러 가닥이었습니다. 마케팅 관련 일로 몇 번 만났는데 직업에 자부심이 있어서 이직할지 몰랐지요. 그런데 운명선이 다시 올라가는 걸로 보아 이직 하나, 진급 하나 했는데 좋은 곳으로 이직했다고 합니다. 남자 같은 여장부였는데 영업이 참 잘 어울리고 남자와 마주해도 괜찮겠다 싶었거든요. 위풍당당한 사람이었습니다.

해외운이 잘 어울리는 나

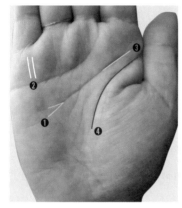

❶ 두뇌선에 어학선이 있다
❷ 소지 손가락 밑에 젓가락 모양이 있다
❸ 두뇌선 생명선이 떨어져 있다
❹ 생명선이 가다가 멈춘 모양이다

이 4가지가 다 갖춰져 있으면 더 좋고, 그중 3가지만 갖춰져 있어도 외국에 가서 성공합니다.

요즘은 코로나 시대라 나갈 수도 없고, 나가더라도 힘들다고 합니다. 코로나가 어느 정도 잠잠해지면 외국에 나가는 것을 고려해 보는 것도 좋을 것입니다. 국내 활동도 나쁘지 않지만 외국에 나가야 성공한다고 보면 됩니다.

무역업을 한다거나 국제 변호사가 된다거나 또는 외국에 가서 커리어를 쌓으러 학교에 들어가도 되고, 그 학교에서 직업을 택할 때 좋은 조건으로 해외에 머무르게 된다든지 다양합니다.

언어가 발달되어 있는 사람은 ❶번입니다. 외국어를 모국어같이 쓸 수도 있기 때문입니다. ❷번은 말을 잘하고 언어를 좋아하고, 1번은 실생활처럼 잘하는 사람입니다. ❸번 역시 외국과 인연이 많고 역마와 인연이 있다고 했지요? ❹번도 마찬가지입니다. 양손 중에 이 선들이 다 갖춰져 있으면 해외운이 강하다고 보면 됩니다.

외국에 나가서 살고 싶다고 했는데

사주가 좋지 않다며 꼭 생년월일시가 좋아야 하느냐? 사주가 정확하지 않다며 손금을 보러 온 분이 있었어요. 봉사단체에서 비정규직 일을 하고 있는 남자분이었습니다. 그런데 그곳이 웬만하면 다 아는 봉사단체여서 외국으로 나갈 수 있는 기회가 있대요. 어렵게 회사 다니고 돈 모아 대학원 다니면서 봉사단체에서 일하고 있는데 외국으로 나갈 수 있는지 물어보더라구요.

다 버리고 가는 것인데 자기는 한국이 너무 싫다고 합니다. 한국 사회의 계급문화도 싫고, 사람으로 끈끈이 이어져 꼭 인맥이나 인복이 있어야 하는 것도 싫답니다. 혼자 자유로이 여행다니며 사진 찍고 좋아하는 일, 취미 활동에 구애받지 않을 돈만 있으면 그리 살고 싶다고 하더라구요.

유럽의 성지순례에도 도전해 봤고, 외국에 긍정적인 영향을 많이 받아서 그런지 어떻게든 가는 방법이 없나 많이 연구한 모양입니다. 자유로운 영혼이었지요.

이야기를 길게 들어 보니 왕따도 학폭도 당해봤고, 부모 중 한 분이 돌아가셨고, 아버지가 빚에 쫓겨 도망 다니고, 형제끼리 살다가 형은 결혼했고, 혼자 살아가는데 이렇게 쳇바퀴 돌 듯 살아가는 게 맞나 의문이 생긴다고 하네요.

물론 일찍 외국에 나갔으면 왕따 안 당했을까요? 인종차별은 여전히 남아 있다고 하던데요. 그래서 위로해줬습니다. 이 정도면 외국 나가서 잘 살 거라고, 충분히 잘해낼 거라고, 나가면 메일로 안부 전해주라고 했는데, 지금 어찌 사나 궁금하긴 합니다.

일하여 얻으라.
그러면 운명의 바퀴를 붙들어 잡은 것이다.

_ 랄프 왈도 에머슨 _

8장

취직복

취직복 선의 의미

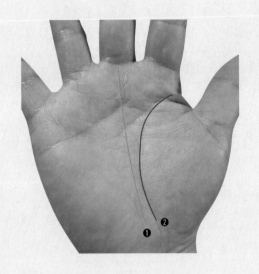

취직복은 **①운명선(파란색)** 부근이 가장 큰 힌트입니다. 그런데 운명선이 없으면 뜻하지 않게 귀인이나 가족의 도움으로 일하게 되는 장점은 있으나 하기 싫어도 어쩔 수 없이 도와주다가 자기 직업이 될 수도 있습니다.

운명선이 없으면 시기를 맞추기가 가장 힘이 듭니다. 재물선과 사업선도 아르바이트냐 아니면 꾸준한 월급생활이냐의 판가름이 난다지만, 운명

돈과 운이 들어오는 손금 읽기

선이 약하고 없다면 전문 기술 자격증으로 승부를 걸어야 하는 숙제가 있습니다.

❷**생명선(빨간색)**은 성실함과 인내심을 말합니다. 성실하고 끝까지 할 수 있는 데까지 최선을 다하기 때문에 운명선이 약해도 보완을 해줍니다. 뒤늦게 일하는 사람이나 자기 길을 찾은 사람들을 보더라도 운명선이 늦게 시작된다는 것을 알 수 있습니다.

생명선이 두 개인 것 같다, 두뇌선이 두 개인 것 같다, 감정선이 두 개인 것 같다면 투잡도 가능하고 재주가 두 가지 이상 있다고 보면 됩니다. 전공과 다른 길을 가게 될 수 있으며, 일찍 사회생활에 뛰어 들었다가 자기 길을 발견해서 뒤늦게 자리매김할 수도 있습니다.

알바운이 많아요

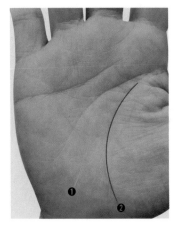

❶ 운명선이 끊어져 있다
❷ 생명선이 선명하다

알바운이라는 것은 오래 있지 못하는 운입니다. 직장생활이라면 최소 8시간 정도는 일을 해야 하는데, 잠깐 시간제 알바는 구하기도 힘들다고 하지요. 나이대를 봐야 하는데 두뇌선을 기점으로 해서 38살 아래, 감정선 밑으로는 55세 아래입니다. 물론 나이를 먹고서도 알바를 하는 사람들은 감정선 위의 운명선을 보면 됩니다. ❶운명선이 곧게 올라가 있으면 알바보다는 직장생활이 맞고, 끊어져 있는 지선이거나 운명선 자체가 없다면 일을 하더라도 잠깐씩 길어야 2년 정도입니다.

❷번처럼 선명하면 의지가 강하고 중간에 포기하는 법이 없습니다. 알바가 직장이 될 수 있을 정도로 인정받고 성장하게 됩니다.

알바 구하기도 힘들다는데

월구에서 시작하는 운명선 같은 경우도 알바와 인연이 많습니다. 그만큼 마음고생을 많이 하는 것이 알바운입니다. 몸을 많이 쓰고, 육체적 노농을 많이 하니 더 피곤하고 고단할 수 있습니다. 다만 오래 머무는 일은 잘 못합니다. 단기간 잠깐만 고생한다 하고 버티는 것이지요.

재물선이 안정적이지 못한 것도 역시 마찬가지입니다. 수입이 들쑥날쑥합니다. 안정적인 것을 원하는 사람들은 열심히 공부해서 시험 보고 직장에 들어가지만, 재물선이 발달되어 있지 않은 사람들은 현실을 직시합니다. 공부는 해야겠고 돈은 없고 그러면 당장 일자리를 찾으러 다닙니다. 부모에게 손을 벌리는 것도 한계가 있고, 또 아쉬운 소리를 못 하는 사람이라면 먼저 일을 구한 다음 어느 정도 안정되고 난 뒤 꿈에 도전합니다.

코로나 시대에는 알바 구하기도 힘들다고 하는데 잠깐 아르바이트 들어갔다가 오히려 주인에게 미안해서 나왔다는 이야기가 생각나네요. 부모는 돈 몇 푼 번다고 알바냐고 한답니다. 그렇다고 용돈을 많이 주지도 않는다는 대학생 조카의 푸념이 떠오릅니다.

뒤늦게 안정을 찾아가는 나

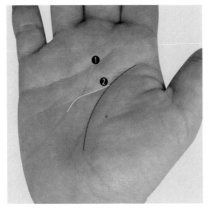

❶ 운명선이 늦게 시작했다
❷ 생명선과 두뇌선이 붙어 있는
　 것이 늦다

운 명선의 시작 지점❶이 안정된 직장생활을 하게 되는 시기입니다. ❷번은 뒤늦게 철들고, 뒤늦게 성공한다는 의미입니다. 결혼도 학업도 취업도 또래 친구들에 비해 늦습니다.

월구에서 올라갔다거나 두뇌선 밑에 제2수성구가 발달되어 있어도 마음고생을 많이 하고 뒤늦게 자리를 잡는 경우도 있는데, 자신의 진로와 적성을 찾는 시간이 늦다고 보면 됩니다.

선들이 복잡해서 보기 힘들다거나 잔선들이 너무 많아서 보기 힘든 경우도 있지요? 역시 진로를 늦게 찾는 경우입니다. 두뇌선이 두 개이거나 감정선이 두 개이거나 운명선이 두 개인 경우도 마찬가지입니다.

돈과 운이 들어오는 손금 읽기

전공과 다른 길을 가게 될 수도 있고, 방황기를 거치기도 하고, 특성상 시간이 걸리는 자격증이 될 수도 있습니다.

뒤늦게 철들고 뒤늦게 성공한다

운명선이 늦게 시작하는 것은 여러 가지 일을 하다가 안정된 직장에 들어 간다는 의미입니다. 제 손금도 운명선이 늦게 시작합니다. 운명선이 30살 정도에 시작하니, 20대 중반 시절에는 뭘 해야 할까 궁금했습니다. 이 일 저 일 다 하고, 30살 무렵에 결혼하면서 안정적으로 돌아섰으니 이 운명선 의 의미가 그런 걸까 합니다.

제 친구는 대학원생 조교였다가 연구원으로 있는데 너무 힘들어 했습니 다. 다시 교육 행정직에 도전하여 30대 초반에 합격하고 초등학교에 발령 나서 만났던 적이 있습니다. 노량진에서 보고 싶다고, 힘들다고 할 때 배 불뚝이로 찾아가서 밥 사준 적이 있는데 그 해에 합격했어요. 얼마나 기뻤 는지 모릅니다.

그 친구의 운명선도 늦게 시작했거든요. 이렇게 늦게 합격하고서 일하 게 되다니 운명선의 의미가 그런 것일까? 그 친구나 나나 운명선이 늦게 시작하는 의미가 다 있었던 걸까요? 살림만 하고 있는 주부들도 보면 운 명선이 있어요. 꼭 사회생활을 해야 운명선이 있는 것이 아니라 내가 지금 가는 길이 맞다는 의미도 있고, 안정되어 있다는 의미도 포함합니다.

아이 낳고도
일할 기회가 있을까요?

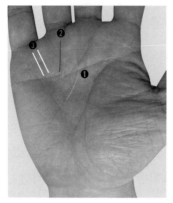

❶ 운명선이 선명하게 나이대에 있다
❷ 재물선이 뚜렷하게 한 개나 두 개 있다
❸ 소지 손가락에 젓가락 모양이 두 가닥 있다

아 이를 낳고 키우며 커리어를 쌓는 것도 대단한 도전입니다만 그동안 해왔던 것을 연장한다면 ❶운명선이 선명하게 있습니다. ❷재물선이 선명하면 복직도 가능하고 다른 일을 하더라도 금방 취직이 됩니다.

자기 사업을 하고자 한다면 사업선이나 자수성가선이 발달되어 있어야 하지만, 그냥 안정된 일, 월급생활에서 가장 중요한 것이 운명선입니다. 운명선은 연한데 재물선이 튼튼하다면 소개로 간다거나 지인을 도와주다 직업이 되는 경우입니다. ❸소지 손가락의 젓가락 모양도 언변이 좋거나 가르치는 일 또는 어학선입니다. 서비스 업종 쪽에도 잘 맞고, 작게 자기 사업을 하더라도 언변이 많은 도움이 되고 잘 맞습니다.

돈과 운이 들어오는 손금 읽기

결혼하고 프랜차이즈 개업했어요

우리가 흔히 아는 프랜차이즈를 개업한 자매가 있어요. 원래는 둘다 미용사였다가 동생은 결혼하고 그만두고, 언니는 미용일을 계속했습니다.

동생은 결혼하고 도너츠 매장에 알바로 들어가서 나중에는 매니저로 급승진했다고 합니다. 일년 정도 넘어서 자격 조건이 주어지자 매장을 차렸어요. 언니랑 지분을 반반하여 차렸습니다.

언니는 힘들게 머리를 다듬어 주는 것보다 매장의 사장으로 있는 수입이 더 좋으니 미용실을 그만뒀습니다. 동생의 자격 조건으로 동생 밑에서 한 달 배우고 지금은 알바 쓰며 주로 언니가 매장을 관리하고 있습니다. 동생은 아이 낳고 키우며 저녁에 잠깐 매장에 나오는 정도라고 합니다. 코로나 때문에 한때 힘들었지만 배달과 병행하다 보니 다시 회복세라고 하더라구요.

손금을 봤을 때는 손재주가 있어서 미용이 더 잘 어울릴 것 같았는데 손이 빠른 친구라 커피며 음료 만드는 것이 남다르더라구요. 그렇다고 동생은 사업선이 선명하게 끝가지 올라가 있지 않아 언젠가 언니한테 위임하고 그만둘 수도 있겠구나 했습니다.

이제 3년이 넘어가니까 더 지켜볼 수밖에요.

어렵게 들어갔는데
나와 안 맞는 거 같아요

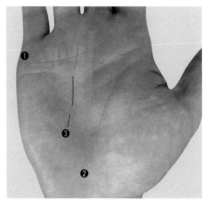

❶ 감정선이 특이하다 ❸ 재물선이 불규칙적이다
❷ 운명선이 연하다

손금 자체가 특이한 사람, 예를 들어 한 선이 더 있다거나 다른 사람의 손금에 비해 유난히 짧다거나 하는데 특히 ❶감정선이 짧거나 두 개거나 하면 한 곳에서 오래 일을 못합니다. 안 맞아도 억지로 참고 견딘다 하더라도 회사 사정으로 나와야 하는 상황도 생깁니다.

지금 나이대에 ❷운명선이 연하면 역마가 있다는 의미입니다. 이 일 저 일 안 가리고 할 수도 있지만, 맞지 않아서 나온다거나 다른 일을 찾아보게 됩니다. 사회복지사나 요양보호사 등 다양한 사람을 만나는 일이 잘 맞습니다.

❸재물선이 불규칙적인 것도 마찬가지입니다. 수입원이 한 곳이 아니라

다른 곳에서 들어온다는 의미이고, 다른 일에서 들어온다는 의미이기 때문에 안 맞다 싶으면 나올 수도 있습니다. 길어야 3년인데 길게 버텼으면 하는 것이 어디에 가더라도 고생하기는 매한가지이기 때문입니다.

내 손금이 불규칙적이면 가만히 인내심 있게 버텨 보는 것도 한 방법입니다. 그러면 선이 선명해질 수 있기 때문입니다.

· 에피소드 ·

재물선이 흐트러져 있어요

한 손은 재물선이 뚜렷한데, 한 손은 재물선이 흐트러져 있다면? 한 곳에서 주 수입이 있다는 것이고, 재물선이 흐트러진 것은 때에 따라 돈을 버는 프리랜서나 전문직일 가능성이 있습니다.

결혼한 여자의 손이 이렇다면 배우자는 규칙적인 수입이 있는 직장인이고, 자신은 예술 쪽이나 디자이너, 프리랜서 일을 하더라구요.

배우자가 사업했을 때 말렸는데, 초기에 수입이 꽤 들어와서 잘 되는 줄 알았는데, 일 년쯤 지나고 나니 그것도 아니어서 접는 방향으로 가더라구요. 다시 직장을 잡는다고 하면서요. 그 일 년 동안 여자는 프리랜서지만 정말 바쁘게 남편 몫까지 뛰어다녔습니다. 그래서 크게 망하지 않고 잘 버텼다고 이야기하더라구요. 배우자가 안정되거나 내가 안정되어야겠지요?

그러면 부부가 같이 가게를 운영하는 사람들을 보면 재물선이 어떨까요? 재물선이 좋았다가도 약해집니다. 돈 관리에 신경을 많이 써야 합니다. 그냥 몸으로 배우자를 도와주는 것이 아니라 경제적인 부분에 더 신경을 써야지 고난도 함께 극복할 수 있습니다.

배우자는 과일가게를 하고, 여자는 옷가게를 하는 분의 손금을 보았더니 재물선이 다 끊어져 있습니다. 결혼하고 나서 남편이 자리 잡을 때까지 수입이 일정치 않았고, 자신한테 꾸준히 준 돈이 120만 원이라고 하네요. 그것으로 살 수 없으니 자기도 사업에 뛰어든 거죠. 지금은 자신도 잘 벌고 있지만 그동안 까먹은 돈이 많아서 회복하려면 더 노력해야 한다네요.

재물선이 끊어져 있으면 적당히 자기 선 안에서 해야 합니다. 무리하게 투자하거나 대출받거나 하면 감당하기 힘듭니다.

돈과 운이 들어오는 손금 읽기

추천받아 기회를 잡네요

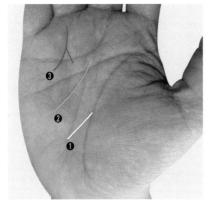

❶ 운명선에 지선이 월구에서 생명선
  안쪽에서 붙어 있다
❷ 운명선이 제2화성구에서 시작해
  올라간다
❸ 재물선이 합류되는 지점이 있다

역시 소개로 가는 경우입니다. ❶번 같은 경우는 정확히 나이대를 봐야 하지만 늘 소개와 인연이 있습니다. 운명신이 약힌데 제물선에 붙어 있다거나 사업선에 붙어 있는 것도 해당 사항이 됩니다.

❷번의 경우 제2화성구의 발달은 인복이 있다는 의미도 있지만 사람의 소개로 일을 잡는다든지 기회를 잡을 수 있습니다.

❸번의 경우도 마찬가지입니다. 그 전에 직장 동료나 또는 나를 잘 봤던 사람이 갑자기 연락이 와서 인연이 될 수도 있고, 그 기회로 새로운 일에 도전하기도 합니다.

힘든 일은 다 피해요

70 되신 어르신과 이야기를 나눴는데 한 친구가 소프트웨어 쪽 공단에 들어왔답니다. 갓 졸업한 공고생 남자아이였는데 공기도 좋지 않고 머리보호 차원에서 공업용 모자를 쓰고 일을 했던 모양입니다.

다음 날 엄마가 쳐들어 왔대요. 왜 우리 아들 힘든 노가다 시키냐고. 당장 그만두라며 아들을 끌고 나가더랍니다. 어르신 말씀이 사장이 그만두려고 하면 붙잡고, 잠깐 몸이 아파서 일 년 쉬었을 때도 자주 연락해서 붙잡고 하여 이제 나이 70이 다 되어 간답니다. 우리나라가 급성장한 것도 있지만 미디어의 발달이 한몫한 것 같습니다. 젊은 친구들이 몸 쓰는 일을 안 하려 한다네요.

옛날 어른들은 그저 오뚝이처럼 묵묵하게 일하고 보람을 느끼며 살아와서 그런지 몰라도, 요즘 어린 친구들에게 그렇게 살 수 있냐고 하면 도리질부터 친답니다. 어린 친구일수록 힘든 일은 하지 않는다고 합니다.

지금은 외국인 노동자들을 안 쓰면 현장이 안 돌아간다고 하니 이 또한 마음이 아픕니다. 외국인 노동자들도 커뮤니티가 있어서 월급을 조금밖에 안 주면 튄다고 하네요. 몸 쓰는 일이 힘들겠지만 다들 피하기만 하는지 현실이 안타깝다는 어른의 말씀이 생각납니다.

9장

시험복

시험복 선의 의미

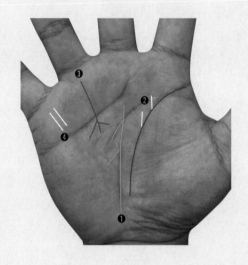

시험운에서 가장 중요한 것은 손목 위에서 올라가는 **❶운명선(파란색)** 입니다. 물론 손목 위에서 올라가지 않았지만, 운명선 위에 지선이 붙어 있는 것도 좋은 시기이고, 좋은 날이 있다는 의미입니다. 관운 모양은 관공서 등 공직, 즉 나라 밥을 먹는다고 보면 됩니다.

생명선(빨간색)에 **❷노력선(하얀색)**도 역시 시험운과 관련 있습니다. 그 시기에 내 결과가 빛을 낸다는 의미이고, 좋은 일이 생긴다는 징조입니다.

돈과 운이 들어오는 손금 읽기

❸**재물선(보라색)**도 감정선 위의 재물선 못지 않게 재물선 밑에 실선이 살짝 붙어 있으면 이 시기에 좋은 일이 일어날 수도 있습니다.

❹**젓가락 모양(하얀색)**은 언변이 좋다는 것을 보여주기도 하지만, 사법 관련 쪽이나 회계, 세무 관련 쪽이면 좋은 기회를 얻을 수 있고, 시험에도 합격할 수 있습니다. 모든 것이 다 완벽하면 더할 나위 없지만 이 중에 내가 시험운이 있는지 살펴보고 싶다면 여러 가지를 참고해서 그중 한 가지라도 있으면 희망을 놓지 않기 바랍니다.

시험운이 있을까요?

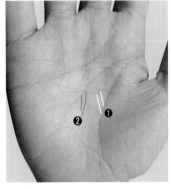
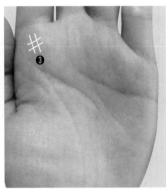

❶ 노력선이 선명하다
❸ 우물 정 자 모양이 있다

❷ 운명선이 두 가닥으로 벌어져 올라간다

시험운은 ❶노력선에 판가름이 납니다. 물론 생명선의 나이를 봐야 합니다. ❷운명선에서 V자 또는 Y자 모양처럼 양갈래로 나눠지는 시점도 중요합니다.

권력구의 발달과 함께 ❸우물 정(井) 자가 있으면 시험에 통과하기도 합니다. 물론 여러가지 지선이 선명해야 합니다. 두뇌선이 선명해야 하고, 생명선도 끝이 곧게 내려가 있어야 하고, 감정선도 끊어짐이 없어야 합니다.

그때의 고시생들 지금은 무얼하고 지내는지

사법 시험을 준비했던 20대 초반의 오빠들이 생각납니다. 어떻게 만나게 되었는지는 생각이 안 나네요. 신림동에 가서 술 마시며 도란도란 이야기 나눴던 적이 있습니다. 당시 고시생들은 쳇바퀴 돌듯 죽어라 공부만 하고, 잠은 4시간만 자는 줄 알았어요. 막상 만나보니 놀 거 다 놀고 즐길 거 다 즐기더라구요. 나일롱 환자 같은 느낌을 받았으니까요.

감정선이 양갈래로 나눠져 있고, 우물 정 자 모양이 있는 분이 제일 잘 놀았는데 그놈의 2차가 왜 안 되냐고, 손금도 좋은데 왜 안 되냐며 언성을 높인 분이었어요. 자세히 보니 우물 정 자 중 한 선이 없더라구요.

또 두뇌선이 너무 길어서 학자 타입인 오빠도 있었어요. 교수를 해도 될 정도로 말을 한번 시작하면 논리정연하게 이야기하더라고요. 아는 것도 많고 다 좋은데 하도 따분해서 여자 친구는 못 사귀겠구나 했습니다. 고리타분하고 할아버지 같은 느낌을 받았으니까요.

그도 역시 시험에서 계속 떨어지더군요. 친구들과 휩쓸려 다니며 얼굴 마담을 할 정도로 인기가 많더니 두뇌선이 망쳤구나. 그냥 대학원 가라고 일러줬던 기억이 납니다. 두뇌선이 길면 쉽게 합격하지 못하는 것도 그때 알았네요.

마루타가 되어준 그 오빠들 지금은 뭐하고 지내는지. 합격하고 변호사 생활하고 있는지, 아니면 학교에 남아 있는지 궁금하네요.

이론은 강한데 면접이 두려워요

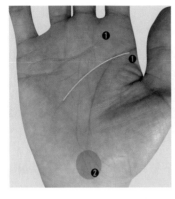
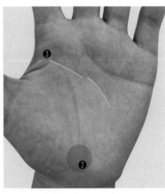

❶ 두뇌선은 긴데 감정선이 짧거나 이중 감정선이다
❷ 생명선 끝이 연하다
❸ 두뇌선이 짧거나 끊어져 있고 감정선이 길다

두뇌선이 짧으면 말을 잘하고 즉흥적입니다. 끊어져 있으면 한번은 시험에 낭패를 보게 된다거나 전공이 아닌 길을 가게 된다거나 슬럼프에 빠지게 됩니다. 이론은 합격했는데 면접이 준비되어 있지 않으면 고배를 마시게 될 수도 있습니다. 이처럼 ❸두뇌선이 끊어져 있다면 단번에 합격할 운은 있지만, 마무리까지는 최선을 다해야 합니다.

반대로 ❶두뇌선이 길어서 면접 준비도 신중하게 잘했는데, 감정선이 끊어져 있거나 짧으면 긴장하고 떨리고 제 실력 발휘를 못합니다. 이중 감정선이면 감수성 면에서 좋지만, 긴장을 잘하고 짧으면 심장과 연결되어 있어서 긴장을 잘한다거나 새로운 환경에 유난히 긴장하는 사람입니다.

❷생명선이 하단으로 갈수록 연한 것은 자존감이 떨어진다는 의미도 됩니다. 그래서 마지막까지 체력을 다해야 하고, 최선을 다해야 합니다.

무엇보다 과거에 떨어진 경험이 있다면 보약이라 생각하고 준비를 철저하게 해야 합니다.

· 에피소드 ·

스피치 학원에 다녀 보는 게

성격이나 생긴 것과도 연관이 있을까요? 자신감의 문제일까요? 안타깝게 면섭에서 떨어진 친구를 보면 준비가 덜 되었습니다. 누군가 지신을 쳐다보는 시선도 부담스럽고, 심장이 마구 뛰고 긴장이 됩니다.

머리는 좋은데 이런 사람이 합격한다 해도 잘할 수 있을까 하는 의문이 들 정도인 분이 상담하러 온 적이 있습니다. 긴장해서 말을 더듬더듬합니다. 그 다음에 왔을 때는 조금 편안해졌습니다. 그놈의 면접 때문에 2년을 놓았는데 자기 일을 찾아야 하나, 뭘 해야 하나, 진로 고민이 된 거죠.

스피치 학원에 다녀 보는 게 어떻겠냐고 권했습니다. 면접 노하우 영상도 많이 보고, 책도 많이 읽어보라고 했어요. 해보는 데까지 해보자고. 결국 학원 다닌 효과를 본 건지 대기업에 합격하고 잘 다닙니다. 머리는 좋아도 말이 어눌한 친구들이 있다면 '자신감을 가지세요' 보다는 분명한 방법을 찾아주는 것이 최선이 될 수 있다는 것. 응원합니다.

한 번은 떨어지는 나

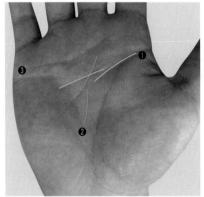

❶ 두뇌선이 끊어져 있다
❷ 운명선이 끊어져 있다
❸ 감정선이 끊어져 있다

언젠가 한 번은 떨어지는 사람들을 보면 ❶두뇌선이나 ❷운명선, ❸ 감정선 등이 가다가 끊어져 있습니다. 또한 두뇌선이 유난히 긴 사람이 있습니다. 너무 길어서 무슨 시험을 보더라도 한 번은 떨어지고 다시 도전합니다.

두뇌선이 긴 사람은 가방끈이 길다고 합니다. 또래 친구들에 비해 철이 늦게 들기도 하지만 졸업도 늦습니다. 가방끈을 오래 쥐고 있다는 의미는 책상 앞에 오래 앉아 있다는 의미입니다. 나라 시험을 보더라도 금방 패스 하고 다른 걸 준비하는 사람들은 두뇌선이 적당히 길거나 또는 짧습니다.

반대로 두뇌선이 긴 사람들은 이 시험도 보고, 저 시험도 보고, 1년에 시험을 여러 개 보는 사람들입니다. 좌우지간 어떤 시험이든 되기만 하면 된다는 그런 마음가짐보다는 눈을 좀 낮추고 스스로를 파악해야 합니다. 오래 공부해야 집중이 잘 되고 머릿속에 오래 남는 게 다가 아니니까요.

선의 끊어짐은 재수나 삼수도 되기 때문에 그 시기에 다른 일을 구해서 간다든지, 일을 먼저 하고 나서 돈을 모은 다음 시험에 도전하는 사람 등 다양합니다.

· 에피소드 ·

두뇌선이 끊어져 있는 동생

대학교를 자퇴한 동생은 오랫동안 경찰 시험 준비를 했습니다. 오로지 공부만 했을까요? 중간에 돈 번다고 여기저기 아르바이트도 하고, 게임에 빠져서 돈 되는 게임도 하고, 별짓을 다 했다네요.

마음먹고 경찰 시험에 도전한다기에 정말 될까? 의구심이 들었지만, 마지막이다 할 때 나이가 28살이었습니다. 두뇌선이 살짝 떨어지고 시작한 것도 아니라서 슬럼프가 오래 갈 줄 알았지만, 결국 영어에서 낭패를 본후 과감히 시험을 포기했습니다. 주변에서 아쉽다고 한 번 더 도전해보자고 했는데도 마음을 딱 접었는데 본인의 한계라고 느꼈던 것 같습니다.

성격이 급한 것도 있지만 실력이 더 이상 안 된다는 것은 자신이 더 잘 알겠지요. 결국 다른 일을 하고 있습니다. 자신에게 맞는 일을 찾아서 직장생활을 하고, 결혼도 하고 진급도 하고, 시험하고는 담쌓고 있네요.

단기간에 합격한 친척

공부한 지 1년 반 만에 합격한 친척이 있습니다. 좋은 대학을 나온 것도 아니었는데 자신이 체력이 좋다는 것을 군대에 가서 알았대요. 훈련 과정에서 2등했다고 하니 다들 의아해했습니다. 비실비실할 줄 알았고, 껨돌이였는데 군대에 가서 철이 든 거에요.

제대하고 난 뒤 한두 번 시험 보다가 감이 잡혔는지 방에서 나오지 않았답니다. 밥 먹자고 문 열면 버럭 화내고 노크도 하지 말고 내버려 두라고. 어른들은 잔머리 쓰는 거 아니냐 의심할 수 있는데 정말 3개월 동안 죽어라고 공부만 하더래요. 그러더니 합격했습니다. 단기간에 합격해서 가족이 크게 기뻐했어요.

합격하고 하는 말이 "엄마 나 공부 이렇게 했으면 서울대도 문제 없었을 거 같아." 태어나서 열심히 공부한 게 이번이 처음이라니 말 다 했지요. 결국 훈련 받고 교육 받고 경찰서로 배정받았다고 합니다.

운명선이 끊어져 있어도 독하게 마음 먹으면 되는구나, 단기간에도 합격할 수 있구나 내심 뿌듯했습니다.

돈과 운이 들어오는 손금 읽기

10장

건강복

건강복 선의 의미

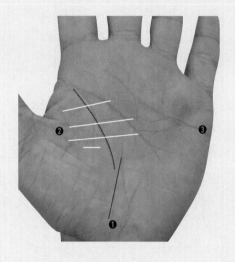

건강에서 제일 먼저 보는 선은 **❶생명선**입니다. 명이 길고 짧은 것은 하늘이 정해주는 거라고 하지만 손금에서 생명선이 1순위고, 그다음 감정선과 두뇌선입니다. **감정선과 두뇌선**이 길면 수명을 연장할 수 있고, 생명선의 지선이 발달되어 있거나 지선이 붙어 있는 것도 해당합니다.

선의 끊어짐은 위험함을 알려줍니다. 생명선의 끊어짐도 잘 살펴보고 두뇌선도 마찬가지고 감정선도 마찬가지입니다. 섬무늬도 역시 나의 고질

병을 갖고 가는 것이기 때문에 살펴봐야 합니다.

　생명선(빨간색)의 끊어짐은 수술 위기가 있을 수 있다는 의미이고, ❷**장애선(하얀색)**의 의미는 집안에 안 좋은 일도 있지만, 신경성과 갑작스런 사건 사고 그리고 스트레스를 많이 받는다는 의미입니다. ❸**감정선(초록색)**의 의미는 시력 저하, 갑상선 위험, 비염 등이 좋지 않다는 것을 의미합니다.

　그러면 구체적으로 살펴보도록 할까요?

혈압 조심하세요

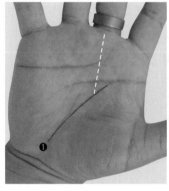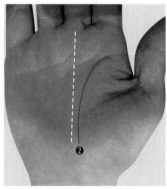

❶ 생명선이 중지 선상에 과도하게 넘었다
❷ 생명선이 중지 손가락을 기점으로 넘지 않았다

고혈압이든 저혈압이든 다 혈색이 좋지 않은데, 고혈압인 경우가 많습니다. 보면 ❶생명선이 아주 선명하고 과도하게 넘어가는 경우입니다. 활동가이기도 하고 역마가 있고, 운동선수에게서나 나올 법한 과도한 생명선이 있으니 40대부터는 조심해야 합니다. 건강 관리를 하지 않으면 혈압에 이상이 있습니다.

금성구와 월구가 발달되어 있지 않으면 선 자체와 상관없이 허약 체질입니다. 옛날에 쌀을 손에 쥘 때 잘 빠져 나가고, 손가락을 보더라도 손바닥 위로 첫째 마디가 약하게 있으면 돈이 샌다 했는데, 건강으로는 저혈압이 의심됩니다.

혈색이 없고 생명선이 진하다 해도 고혈압이 올 수도 있습니다. 그래서 저혈압이냐 고혈압이냐 단정 짓기가 뭐합니다. 그냥 이 사람은 혈압에 이상이 있구나 하고 보면 정말 혈압약을 먹고 있더군요.

· 에피소드 ·

당뇨가 얼마나 무서운지

저혈압인지 고혈압인지는 손금에 잘 나타나지 않습니다. 그런데 자꾸 보다 보면 혈색이 유난히 차가운 손이 있어요. 혈압이 있냐고 물어보면 저혈압이라고 이야기합니다.

혈압 뿐만 아니라 고지혈증이라고 있더라구요. 고지혈증 역시 남녀 상관 없이 배가 많이 나오고, 지방이 많은 사람, 손이 두꺼운 사람도 고지혈증과 혈압, 당뇨가 있더라고요. 당뇨가 얼마나 무서운지 수술 자체를 할 수 없을 정도이고, 나중에 심해지면 손가락이든 발가락이든 감각이 없어서 절단하는 사례까지 있다고 합니다. 오래 살아도 건강하게 살아야 하니 체중 관리를 제1순위로 생각하고 꾸준히 자기만의 식습관과 운동을 병행하기 바랍니다.

가까운 사람인데 매일 인슐린 주사를 맞는 거 보니 너무 안타깝더라고요. 술 담배는 금물인데, 술을 너무 좋아해서 부인 몰래 먹었다가 발가락을 절단하는 수술까지 받았더랬죠. 그래서 정신 차렸냐구요? 아니요. 아직 철없는 분이긴 한데 계속 지켜보고 있습니다. 가까운 지인이라 열심히 잔소리 하고 있는데, 나 말고도 많은 분들이 잔소리하고 있답니다.

고지혈증엔 저염식이 좋아요

고지혈증이 있는 분이 엄청 살을 뺐어요. 운동은 등산이었습니다. 거의 매일 가다시피 해서 20kg 남짓 뺐나 봐요. 대단하다는 생각이 들어 신기했습니다. 회사에서도 이 분의 다이어트가 큰 사건이었다고 해요. 이 분 어딨냐고 자기를 앞에 두고 찾더랍니다. 말 다했죠? 어색해서 원래대로 돌아오면 안 되냐는 말도 들었답니다. 곰돌이 푸 같은 인상이 어떻게 됐는지 아시죠?

그런데 요요현상이 오기 시작하더니 원래대로 돌아왔대요. 너무 아까웠어요. 왜 요요가 왔을까? 코로나 때문에 일이 많은 직종이다 보니 옴짝달싹 못하고 스트레스 받아서 배달시켜 먹고 결국 돌아온거죠. 한 6개월 정도 유지했나 봅니다.

운동도 운동이지만 가장 중요한 것은 저염식이었어요. 모든 음식을 싱겁게 먹고, 과자 라면 밀가루 금지에 김치도 전혀 먹지 않았다고 합니다. 그렇게 했더니 고지혈증이 낫더래요. 지금은 계속 약 먹고 있다고 하는데 다시 날씬한 때로 돌아가고 싶냐고 했더니 그러고 싶지 않다고 하네요. 살아가는 동안 먹고 싶은 거, 하고 싶은 거 다 하고 싶다면서.

돈과 운이 들어오는 손금 읽기

암 관련 질환 조심하세요

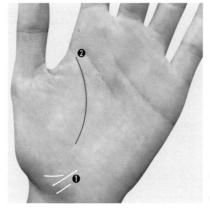

❶ 생명선 하단에 여러 갈래 선이
  있다
❷ 생명선이 가다가 멈춘 모양

옛날에는 암이라면 다 죽을 병처럼 취급했는데 의학이 발전하다 보니 암도 착한 암, 나쁜 암으로 분류합니다. 착한 암은 수술하고 잘 아물기도 하지만, 나쁜 암은 항암치료를 여러 번 받고 투병생활을 이어 가기도 합니다. 심하면 전이되어 언제 죽을지 모르는 인생사를 겪게 됩니다.

양손의 생명선을 봤을 때, 한 손은 짧고 한 손이 길면 착한 암에 속합니다. 내 관리 여하에 따라 달라지게 됩니다. 그런데 양손 다 ❷생명선이 짧으면 치료가 되어도 오래 걸리고, 다시 재발의 가능성이 있고, 한 가지 암이 아닌 전이도 조심해야 합니다.

생명선 하단이 ❶번처럼 지저분하다 싶으면 매년 건강검진하면서 잘 살펴 봐야 합니다. 건강검진이 2년마다 의무이긴 하지만 해마다 받으라고 하고 싶어요. 건강검진 받고 아무 이상 없었는데 갑자기 나타나지 않았던 암 판정을 받기도 합니다. 그래서 원래 생명선 하단이 지저분하다 싶으면 집안 내력에 암 환자가 없었는지도 알아보고 식습관도 살펴봐야 합니다.

· 에피소드 ·

젊은 엄마인데 무슨 암이냐고요

유치원에 다니는 아들을 두고 엄마가 갑자기 하늘나라로 갔습니다. 너무 가슴이 아팠어요. 친하게 지낸 지는 얼마 안 되었고, 그 아파트를 떠나게 되어 소문으로만 들었습니다. 젊은 엄마인데 무슨 암이냐 그럴 수 있지요. 담배 회사에 다녔다고 합니다. 연구 관련 쪽이었나 봐요. 아이 낳고 몇 년 더 다녔고, 배우자도 같은 회사 직원인데 스트레스를 많이 받아서 그런지 아내가 임신했을 때도 빈 방이나 화장실에서 담배를 피웠다고 해요.

이상해 건강검진을 했는데 유방암 초기 발견, 그런데 그 부모도 가관이었습니다. 미신을 믿는 거에요. 점쟁이가 다 지나간다고 하더라, 부적을 붙이고 자면 나아진다고 하더라, 정말 상상할 수 없는 이야기를 듣고 기절하는 줄 알았습니다. 수술하고 낫는가 싶더니 스트레스를 받아서인지 전이가 되어 요양병원에서 두 달 있다가 하늘나라로 갔어요. 그 모습이 아직도 생각이 납니다.

돈과 운이 들어오는 손금 읽기

다치는 거 조심하세요

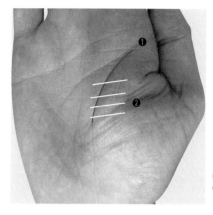

❶ 생명선이 짧다
❷ 생명선 시작 부근에 장애선이나 섬무늬가 있다

갑자기 장애인이 되는 경우도 있고, 온전치 못하게 태어날 수도 있습니다. 살아가면서 마음의 병이 생기기도 하고 트라우마로 힘든 나날을 보내기도 합니다. ❶생명선이 짧다는 것은 인내심이 그만큼 약하다는 의미입니다. 자기 의지가 약할 수도 있습니다. 이런 사람이 크게 다치면 낫는 데도 시간이 걸리고 다시 뭔가를 하더라도 용두사미격입니다.

❷장애선도 마찬가지입니다. 장애선이 시작 부근에 있으면 초년에, 중간 부근에 있으면 중년에, 마지막 부근이 지저분하면 말년입니다. 교통사고도 조심해야 하고, 어디 가서 넘어지고 상해를 입는 것도 조심해야 합니다. 이런 사람이 권투나 카레이서 같은 운동을 하면 절대 안 되겠지요?

지능적으로 문제가 있는 아이

두뇌선이 짧거나 다른 지선이 하나 더 있다면 아이가 남들과 다르다는 걸 아셔야 합니다. 짧다는 것은 지능적으로 문제가 있을 수 있는 것이고, 다른 지선이 하나 더 있다는 것은 특별한 뭔가가 있다거나 보통 사람과는 다르게 살아갈 수 있습니다.

예전에 승승장구하던 아저씨 아들이 지체장애인이랍니다. 그 아이는 청년이 다 되었지만 눈빛도 다르고 말도 잘 못하는 아이였어요. 가장 아픈 손가락이고 너무 무겁고 버거워서 지방의 복지시설에 맡겼답니다. 자신이 해줄 수 있는 것이 더 열심히 돈 벌어 뒷바라지하는 거라고 합니다.

그러면서 손금 사진을 보내왔습니다. 손가락이 바르지 못했고 생명선 시작 부근에 장애선 주름이 많았으며, 기본 3대선이 긴 모양은 아니었습니다. 그런데 생년월일시를 넣고 전화로 상담하면 장애인이라는 걸 못 맞춘다고 해요. 그래서 철학하는 분한테 물어봤답니다. "제 아이 사주가 좋은가요? 아니면 나쁜가요?" 그랬더니 의외의 답을 들려주시더래요. "이 사주는 떠받들어야 하는 왕사주입니다." 태양 같은 사주라고만 이야기해 줬다고 해요. 시간이 지나고 보니 떠받들고 산다는 것이 이해가 가기도 한다고.

지금은 그래도 복지관을 가까운 곳으로 옮겨 자주 들여다볼 수 있게 되었다네요. 이 분의 노력으로 잘 되지 않았나 싶습니다.

신장 비뇨기 조심하세요

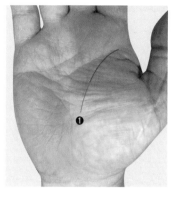
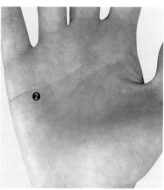

❶ 생명선 중간 부분부터 연하거나 선이 없다
❷ 감정선 시작 부근이 약하다

신장과 비뇨기는 남자에 해당하지만 여자의 경우도 ❷감정선 시작 부근이 약하거나 지저분하면 자궁 관련 쪽을 의심해야 합니다.

감정선 시작 부근은 자식하고도 인연이 있습니다. 자식이 없는데도 선 자체가 솟아오르고 많으면 형제지간이 많은 경우도 해당합니다. 남녀 할 것 없이 감정선의 시작 부근이 약한 것은 생식기 계통과 신장 비뇨기 쪽에 이상이 있다고 보시면 됩니다.

감정선이 소지 손가락 이후로 선명해지면 자존감도 그렇고 성격도 바뀝니다. 뿐만 아니라 건강적으로도 많이 호전될 수 있습니다.

❶생명선 하단도 마찬가지입니다. 선이 끊어졌다 이어지면 위기는 한

번 와도 좋아질 수 있는 충분한 희망이 있으니 걱정하지 마세요.

방광염에는 스트레스가 주범

스트레스를 많이 받아서 가장 먼저 오는 것이 방광염일 경우가 많습니다. 오줌을 싸면 찌릿찌릿 쓰라리고 아파서 병원에 가면 항생제를 처방해주고, 며칠 약을 먹으면 나아집니다. 세균성 감염도 있지만 비뇨기 쪽이 약해서 그렇습니다. 충분한 휴식과 잠이 보약인데 낮과 밤이 바뀌는 일을 하는 분들은 조심해야 할 거 같아요.

그리고 옷차림도 문제입니다. 너무 꽉 끼는 청바지 같은 건 피해야 하고 달라 붙는 옷은 날씬해 보일 수 있지만 허리를 쪼이는 옷, 배꼽티 같은 것도 안 입는 것이 좋을 듯 싶습니다.

자꾸만 답답함이 느껴져 큰 병원에 가서 검사했는데 아무 이상이 없더래요. 그래서 약도 잠깐 지어 먹었는데 왜 자꾸 압박감을 느끼고 있지? 그래서 속옷이랑 다 바꿨답니다. 그랬더니 한 달 후에 편안해지더랍니다. 청바지도 다 버리고 면바지로 입고, 웬만하면 집에서는 편하게 헐렁하게 입고 있다네요. 이 이야기를 들으니 습관도 중요하구나 했네요.

건망증 치매 조심하세요

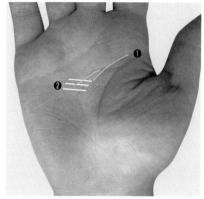

❶ 두뇌선이 짧다
❷ 두뇌선이 중간 아니면 끝이
　흐릿하거나 장애선이 있다

두뇌선이 약지 손가락 중간 부근에 와도 짧다고 하겠습니다. 양손 다 봤을 때 한 손만 짧은 경우도 역시 치매를 조심해야 합니다.

❶두뇌선이 짧다는 것은 옛날에는 가방끈이 짧다는 의미도 되는데 두뇌 회전이 빨라서 아이디어나 기획 능력이 뛰어나기도 하지만, 인내심이 약하다는 단점이 있습니다. 두뇌선이 짧으면 일 처리는 빠른데 깊게 생각하고 행동하는 걸 꺼려 합니다. 나이가 들수록 두뇌선도 나이가 있기에 판단력이나 결정력이 흐지부지될 수도 있고, 내가 생각하는 대로 안 되면 슬럼프에 빠지기도 합니다.

양손 다 그러면 위험하지만 한 손만 두뇌선이 흐릿해도 갑자기 치매가 찾아오기도 합니다. 장애선과 함께 두뇌선이 힘을 발휘하지 못하는 경우, ❷두뇌선 끝이 흐지부지 연하게 되는 경우, 두뇌선 끝에 장애선이 지나간 경우도 해당합니다. 두뇌선이 긴 사람이었는데 연해지기도 하고, 장애선 때문에 선이 끊어지기도 하니 잘 살펴보기 바랍니다.

· 에피소드 ·

치매는 암보다 더 무섭다

아내, 아들의 이름도 기억하지 못하는데 유일하게 며느리만 기억하는 할아버지가 계셨어요. 며느리를 참 이뻐했답니다. 아들이 며느리를 배신하여 이혼 위기까지 갔을 때, 시어머니는 아들 편에 섰지만 시아버지는 며느리 편을 들어주고 따뜻하게 응원해주셨어요.

그러다 아들 딸의 이름도, 손자 손녀의 이름도 잊혀지고, 당뇨 때문에 다리 끝쪽부터 살이 썩어 절단할 즈음 충격에 돌아가셨습니다. 대소변을 온 가족이 심지어 손자 손녀가 치워도 며느리 이름은 기억했답니다. 그냥 옛 기억에 멈춘 것이지요. 병수발을 10년 했나 봅니다. 며느리가 다 했냐구요? 그건 아니에요. 맞벌이였고 시어머니가 아이들을 키우다 시아버지가 저리 되신 거였거든요.

치매는 암보다도 더 무섭다고 하네요. 한번 나가면 못 찾는 집, 자기가 누군지도 잘 모른다고 합니다. 시아버지의 사랑 덕분에 며느리는 지금 화목하게 잘 살고 있습니다.

간기능 저하 조심하세요

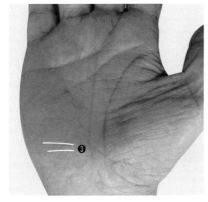

❶ 손바닥 혈색이 갈색처럼 되어 있다
❷ 전체적으로 잔선이 선명하고 많다
❸ 월구에 여행선처럼 지선이 있다

간 기능 저하는 피곤해서 오는 것도 있지만, 간이 아프다는 것은 스트레스뿐 아니라 부지불식간 찾아와서 힘들어지는 병입니다.

유난히 ❷손금에 잔선이 많은 사람이 있습니다. 생명선 두뇌선 감정선 운명선 재물선 사업선 외에 여러 모로 잔선이 너무 많습니다. 이런 사람들은 일복이 많고 생각도 많고 피곤하게 살아갑니다. 잔병치레도 많지만 큰 병이라면 특히 간을 조심해야 합니다. 좋아하지 않는 술이지만 마셔야 하는 상황, 또는 몸에 맞지 않는 술인데 좋아하는 상황도 있지요.

이런 분들은 특히 조심해야 합니다. 간 해독 능력이 다른 사람에 비해 많이 떨어집니다. 옛날에는 월구에서 여행선처럼 나온 지선이 ❸번처럼 있으면 간이 안 좋다고 했습니다. 낮과 밤이 바뀐 생활을 한다든지, 편의점이나 PC방처럼 밤늦게까지 일을 해야 한다든지, 어쩔 수 없이 밤에 집중이 잘 되는 사람도 여기에 해당합니다.

그런데 임상 결과 쓸데 없는 잔선이 많고, 굵은 잔선인 경우도 해당이 되더군요. ❶피부색이 갈색인 경우도 해당합니다. 까무잡잡한 피부와는 달리 늘 봐왔던 사람인데 혈색이 바뀌거나 하면 조심해야 합니다. 관상을 보더라도 입술이 보랏빛 나는 사람이라면 간이 좋지 않습니다.

· 에피소드 ·

간 관련 질환은 소리 없이 찾아온다

입술이 유난히 보라색인 사람을 소개받았어요. 상담이 아니라 친구가 결혼할 사람이라면서요. 얼굴은 귀티나게 생겼는데 입술이 보라색이었습니다. 혹시 간이 안 좋으냐고 물으니 술도 담배도 안 한다고 하더라구요. 담배는 끊은지 얼마 안 됐고, 술은 안 좋아하는 거 같았습니다. 다행히 친구가 신자라서 술을 안 좋아하니 괜찮겠지 했어요.

30대 초반이었는데 왜 입술이 저렇게 될 때까지 자기 몸 관리를 못하고 있는 걸까? 일도 많고 스트레스도 많고 또 결혼 준비도 해야 하니 여러모로 신경 쓸 게 한두 가지가 아니었나 봅니다.

손바닥을 보여줬는데 방종선이라고 있어요. 피곤해서 생긴 선입니다. 그리고 전체적으로 잔선이 많더라구요. 자신의 재주는 예술이었는데 밥

돈과 운이 들어오는 손금 읽기

벌어먹고 살기 힘드니까 비정규직으로 들어가서 친구를 만났다고 합니다. 지금은 아이 셋 낳고 잘 살고 있어요. 그래도 옆 지기가 잘 챙겨줘서 그런지 입술색도 많이 돌아왔고 건강도 되찾았답니다.

간암이나 간 관련 질환은 소리 없이 찾아온답니다. 술이 맞지 않으면 굳이 하지 마세요. 그리고 자신의 건강에 관심 많이 가지길 바랍니다.

심장 폐질환 조심하세요

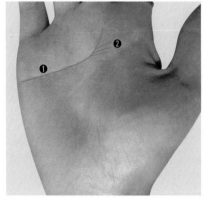

❶ 감정선 끝이 중지 선상에서
멈췄다
❷ 감정선 끝이 여러 가닥으로
나눠져 있다

달리기를 별로 좋아하지 않지만 달리고 나면 홀가분하다는 사람이 있는가 하면, 숨차서 기분 나쁘고 짜증난다는 사람도 있습니다.

❶감정선이 중지 선상에서 멈춰 있다거나 ❷감정선이 여러 가닥으로 나눠져 있습니다. 생명선이 진하고 끝까지 가 있는데 감정선만 그렇다면 활동해야 하는 사람이 맞지만, 일을 급하게 서두르면 낭패를 보게 됩니다.

충격적인 사건이나 갑자기 위기가 닥치면 심장이 두근두근하고 아파옵니다. 이런 사람일수록 술 담배는 더 조심해야 합니다. 갑자기 어떤 위기가 닥칠 수 있고 사고가 날 수도 있는데, 이런 사람일수록 숨을 크게 들이마시고 천천히 생각하며 냉정을 되찾아야 합니다.

감성적인 사람의 경우는 몸이 가만 안 있을 수도 있고, 감정이 앞서서 울기부터 할 수 있지만 느긋한 마음을 가지려고 노력해야 합니다.

감정선도 나이가 있습니다. 약지 손가락 끝이 45살입니다. 중지 손가락은 55살 65살입니다. 그때에 위기가 올 수 있으니 운동을 하더라도 격한 운동은 삼가야 하고, 차분한 요가나 명상을 추천합니다.

· 에피소드 ·

젊은 나이에 허망하게 간 사연들

제 또래의 남자가 40살에 하늘나라로 갔습니다. 딸 둘의 아빠였고 갑자기 심장마비로 세상을 떠났어요. 구급차가 왔어도 이미 골든 타임을 놓쳐버렸습니다. 죽음을 딸 둘이 봤고 엄마가 뒤늦게 왔지만 너무 늦었습니다.

너무 허망했던 것이 구직 중이었고, 전 회사에서 퇴직금도 다 못받고 쫓겨나듯 나와서 절망한 상태였는데 그래도 희망을 가져보겠다고 꾸준히 운동하며 식단 관리를 했답니다. 운동하고 들어와 갑자기 쓰러진 것이지요.

아는 동생의 남편이 동대문에서 장사를 하는데 둘이 사이가 좋지 않아 별거 중이었습니다. 친정에 내려와 있었는데 남편의 부고 소식을 들은 거예요. 한겨울에 술 마시고 들어왔는데 난방 버튼을 누르지 않아 냉골이었나 봅니다. 술을 엄청 먹고 집에 들어와 신발장 앞에서 쓰러진 게 마지막이었습니다. 친정 식구들도 너 때문에 죽었다고 머리끄덩이를 잡고 난리쳤다고 해요.

이렇게 허망하게 간 사연들을 보면 당사자가 몸집이 좀 있는 편이에요. 그리고 생명선이 과도하게 넓고 감정선이 짧았습니다. 표현이 서툴고 속을 알 수 없는 남자들이었습니다. 제 기억에도 살집이 있고 통통했는데, 이게 건강한 통통함 보다는 낮과 밤이 바뀐 생활과 또 실의에 빠지고 스트레스 많이 받고 있을 때 일어난 일들이라 자신을 잘 알고 건강을 챙겼더라면 하는 아쉬움이 있었습니다.

돈과 운이 들어오는 손금 읽기

소화기 조심하세요

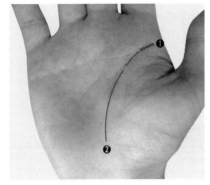

❶ 생명선이 꽈리 모양처럼 되어
있다
❷ 생명선이 연하다

손이 유난히 차가운 사람이 있습니다. 대부분 여성들인데 "손이 차갑네요?"라고 하면 원래부터 그랬다고 합니다. 그래서 손금을 들여다보면 손바닥 자체도 힘이 없어요. 혈색이 돌아야 하는데 핏기가 없어요.

손바닥이 차가운 것도 소화기가 좋지 않은 증상입니다. 특히 위 질환에 잘 걸릴 수도 있습니다. 꽈리 문양이 ❶번처럼 되어 있으면 초년운도 해당되지만 소화기능에 해당됩니다. 원래 약하다 안 좋았다라고 말하지만, 자신이 10~20대에 소화기에 신경을 별로 안 써서 망가졌을 수도 있습니다.

자신에게 맞지 않은데 매운 걸 좋아한다든지, 자극적인 걸 좋아하는 게 이유입니다. 손바닥이 하얗고 꽈리 문양이라면 30~40대에 몸고생합니다.

❷번처럼 생명선이 연하면 역시 의욕이 없다는 의미도 있지만, 소화기가 좋지 않다는 의미입니다. 유복하지만 무슨 사연인지 그냥 밥 먹는 게 싫다든지 별 이유 같지 않은 이유를 댑니다. 관리를 전혀 하지 않는 것, 그리고 자존감도 없다는 의미이지요. 생명선이 연하다가 진하면 건강이 회복되지만, 전체적으로 연한 생명선은 위험합니다.

소화기도 문제지만 정신적 육체적 모든 것이 다 망가질 수 있으니 내 몸 건강은 내가 지키자는 생각으로 탈바꿈해야 합니다.

· 에피소드 ·

손이 예쁘면 고생하기 싫어해

소화기가 유난히 약한 사람들도 있지만, 먹지 말아야 할 것을 먹고 고생하는 사람도 많더라구요. 예를 들어, 밀가루 또는 매운 거, 자극적인 거 먹고 탈 나는 사람, 커피를 좋아하지만 마시면 탈 나는 사람도 있습니다.

손이 유난히 가냘프고 예쁘다 할 정도의 남녀를 보면 소화기가 좋지 않을 수도 있습니다. 남자가 손이 곱고 작다든지, 여자가 곱고 차갑다든지 다 해당됩니다. 선을 보지 않아도 고생하지 않는 손이고, 자기를 사랑하기 보다는 보여지는 것에 더 신경을 많이 씁니다.

옛날에는 손이 이쁘면 고생을 별로 안 한다고 했는데 이제는 안 통하는 세상 같아요. 손이 예쁘면 고생하기 싫어합니다. 육체적 노동은 피하고 정신적 노동을 사서 한다고 보면 됩니다. 그러면서 속까지 버리기도 하지요.

돈과 운이 들어오는 손금 읽기

스트레스 주의하세요

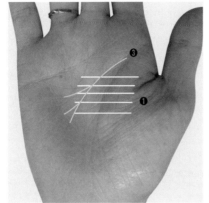

❶ 장애선이 많다
❷ 전체적으로 잔선이 많다
❸ 두뇌선에 가지가 나 있다

요즘 부딪히지 않는 직장생활이 어딨겠냐마는 과중한 업무에 못견뎌 퇴사하는 경우도 있고, 인간관계의 트러블로 힘들어하다가 나오는 경우도 있고, 집안 사람이 아파서 어쩔 수 없이 나오는 경우도 있고, 사연은 많지요.

잘 버티는 사람은 어떤 사람일까요? 운명선이 끊어지지 않고 잘 올라가 있는 사람, 그리고 재물선이 튼튼한 사람입니다. 장애선이 아무리 많아도 이 두 가지가 튼튼하면 어떻게든 버팁니다.

❶번처럼 장애선이 선명하고 진하면 초년운도 그렇지만 지금 나이대에 마음고생을 말합니다. 40대가 되니 문상도 자주 가게 되는데 내 부모의 건

강도 신경 써야 하는 시기라고 하더라고요. 20대 때는 누군가 일찍 하늘나라로 갔다고 하면 그렇게 와 닿지는 않았는데 40대는 너무 가까이에서 누군가의 죽음을 슬퍼하게 됩니다.

❷번처럼 전체적으로 잔선이 많은 것도 스트레스가 많습니다. 예민해서 그렇습니다. 받아들이는 것의 차이인데 미리 걱정하는 것이 있더군요.

자동차 수리를 맡겼는데 하나를 갈았다 칩시다. 또 다른 원인을 고민하게 되는 사람들의 특징입니다. 단순한 사람들은 잘 굴러가면 그만이라고 하지만, 선 자체가 많은 사람은 여기는 잘 굴러가도 다른 곳에 이상이 있는 것 아니냐며 따져 묻거나 걱정합니다.

미리 대비하는 습관도 한몫합니다. 여행을 간다 칩시다. 단순한 사람은 비행기표 숙박 그리고 맛있는 거 먹으러 가면 되지라고 한다면, 잔선이 많은 사람은 비행기표부터 시작해서 시간대 별로 타이트하게 스케줄을 짠다거나 가서 맛있는 걸 먹어도 검색해서 찾아가곤 합니다.

❸번처럼 두뇌선에 가지가 나 있으면 두통을 조심해야 합니다. 물론 두뇌선의 가지가 두 가지 이상을 말합니다. 3가지는 다재다능한 의미도 있지만 생각이 많다는 것도 되고, 머리 쓰는 일을 하게 될 수도 있습니다.

직업적 특성상 어쩔 수 없다고 해도 일 외에는 다른 생각은 하지 말아야 하는데 일을 방해하는 외부요인 때문에 스트레스 압박에 시달릴 수 있습니다.

성격이 예민하면 스트레스도 많아

두뇌선이 짧으면 스트레스 안 받을까요? 단순하니까? 금방 까먹을 수 있으니까? 좋을 게 없다고 잊으려고 할까요? 두뇌선이 긴 사람은 스트레스를 달고 살까요? 두뇌선이 짧든 길든 장애선의 영향을 봐야 합니다.

장애선이 많으면 스트레스에 예민하고 단순하게 넘어갈 부분도 꼼꼼히 따져보고 주변 사람을 힘들게 합니다. 두뇌선이 짧으면 아이디어도 넘치고 순간 튀어 나오는 창의력도 있습니다.

그러나 두뇌선이 길면 신중하고 꼼꼼하고 눈치를 많이 보고 환경에 적응하는데 시간이 많이 걸립니다. 그래서 이직을 자주하는 것, 이사를 자주하는 것이 도움이 되지 못합니다.

장애선이 많으면 답답함을 못참아 합니다. 한곳에서 회의한다 치면 자기만의 돌파구가 있어야 하는데 그렇지 않으면 틱 현상이 나타난다거나 머리가 아프다거나 스트레스를 받습니다. 병원에 가서 자세한 검사를 해도 원인이 나타나지 않습니다. 그냥 성격입니다. 예민함이 많고 스트레스를 잘 받는 성격입니다. 자기만의 돌파구를 찾아야 하는데 자신을 죽이고 살려고 하더라구요. 외로운 싸움하지 말고 가까운 사람과 대화 많이 하고 자기만의 스트레스를 풀려고 노력해야 합니다.

피부질환 주의하세요

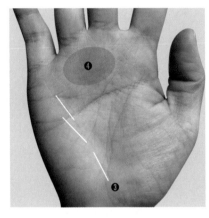

❶ 잔선이 많다
❷ 유난히 창백하다
❸ 사업선이 끊어지면서 많다
❹ 금성대가 지저분하다

환경 때문에 아토피가 갑자기 올라오는 경우도 있고, 태어나서부터 아토피가 생기는 경우도 있으며, 살아가면서 먹는 것 때문에 알러지 반응이 일어나는 경우도 있습니다.

❷유난히 피부가 하얀 사람이 있습니다. 하야니까 부럽기도 한데 그런 피부가 나이들면서 기미 주근깨도 금방 생기고 노화도 빨리 오더군요. 그런데 유난히 하얀 사람치고는 어렸을 때부터 아토피 피부로 고생하는 사람이 많더군요. 물론 아닌 아가들도 있지만 침독이라든지 엉덩이 습진이라든지 접히는 부분에 가려움 등 다양합니다.

❶번처럼 유난히 잔선이 많거나 굵은 지선이 하나 더 있다든지, 즉 생명

돈과 운이 들어오는 손금 읽기

선 두뇌선 감정선 외에 반항선이나 감정선이 끊어져 있어서 갯수로 하나 추가된 손을 말합니다. 그러면 어른이 되어서도 피부 트러블이 있습니다. 생각이 많고 스트레스가 있으면, 입술 쪽으로 수포진이 올라온다든지 입 안쪽이 헌다든지 대상포진에 걸릴 수도 있습니다.

❸번처럼 사업선이 여러 가닥으로 올라가 있으면 옛날부터 건강선이라고 합니다만 피부트러블에 해당됩니다. ❹번은 매력선이기도 합니다. 그러나 선이 많으면 피부트러블 등 조심해야 합니다.

· 에피소드 ·

아토피, 비염에는 공기가 좋아야

어렸을 때 아토피가 있었다면 비염과 연결이 되더라구요. 그리고 미세먼지가 많은 환경에서도 민감하게 피부가 일어나는 경우도 있더라구요.

아토피 때문에 결혼을 포기한 여자가 있었습니다. 피부색이 하얘서 부럽다 할 정도로 백옥같았는데 뭐가 문제였을까요? 겨드랑이나 팔 안쪽, 다리 안쪽이 가려워 스테로이드 연고가 아니고서는 버티질 못하더라구요.

그래서 외국으로 나갔는데 공기 좋은 곳에 갔던 모양입니다. 글쎄 언제 그랬냐는 듯이 피부도 낫고 비염 치료도 저절로 됐대요. 우리나라 환경이 그런가? 외국에 공부하러 가서 건강을 찾고 자신까지 되찾았다고 합니다. 코로나 때문에 그녀가 다시 돌아왔을까? 너무 궁금하긴 해요.

저희 아들 녀석도 아토피가 있어요. 비염도 심하고. 코로나 때문에 마스

크 생활이 도움이 됐나봐요. 비염은 여전하지만 좀 줄어든 거 같고 아토피도 많이 좋아졌습니다.

갑자기 아토피가 올라온 게 초등학교 1학년부터였어요. 아파트가 오래됐고 습했던 것도 원인이었지만, 돼지고기 아몬드 참치는 절대 먹이면 안 된다는 진단을 받았습니다.

그런데 급식생활이 죄다 돼지고기라 조금씩 먹어야 한다고 먹이는데 외국생활이 답일까요. 외국인이랑 결혼했으면 좋겠다, 외국 가서 살았으면 좋겠다 해요. 집먼지 알러지도 있어서 청결이 1순위인데 내가 그만큼 청소하는 것도 한계가 있어서 아들이 어른되어 깔끔하게 살았음 좋겠단 생각도 해봅니다.

11장

장수복

장수복 선의 의미

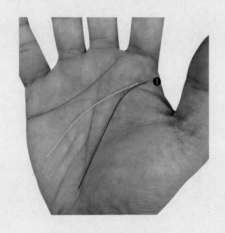

무조건 ❶**생명선**을 봐야 합니다. 생명선이 길다고 해서 장수하는 것은 아니지만 **기본 3대선**(생명선-빨간색, 두뇌선-노란색, 감정선-초록색)도 살펴봐야 합니다. 생명선이 짧은데 일찍 죽지 않는다면 두뇌선과 감정선이 길기 때문입니다.

사건 사고가 많은 요즘 정말 다 생명선이 짧아서 운명한 것일까요? 아닙니다. 불의의 사고에도 구사일생 생명을 연장한 사람들을 보면 생명선

돈과 운이 들어오는 손금 읽기

이 완만하게 이어져 내려가고 있습니다. 옛날에는 명이 짧다고 들었다며 손금을 봐달라는 분들을 보면 주어진 명은 여기까지이니 조심하고, 그 이후는 자신의 노력 여하에 달려 있다고 이야기해줍니다.

생명선이 짧은 사람들은 대부분 자존감이 낮고, 자신감이 없으며, 자신의 몸을 그다지 사랑하지 않습니다. 오래 살아서 뭐해 지금 죽어도 여한이 없다, 미련이 없다고들 합니다.

건강을 생각하고 자신을 사랑하는 사람들은 생명선이 잘 발달되어 있고, 그 외에 지선이 발달되어 있는 걸 볼 수 있습니다.

장수하는 할아버지 할머니의 손을 한번 보세요. 장수하는 데는 다 이유가 있습니다. 선이 굵어져서 주름이 되어 있지 않나요? 여러 활동을 많이 하고, 고생도 많이 했다고 하지만 곧게 끝까지 손목까지 들어가 있는 생명선을 볼 수 있을 것입니다.

단명하는 사람

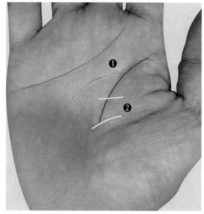

❶ 기본 3대선이 어느 하나가 짧다
❷ 장애선이 강하게 지나간다

기본 3대선이 생명선, 두뇌선, 감정선입니다. 이 ❶3대선이 튼튼하고 잘 내려가야 장수합니다. 옛날에는 생명선이 짧으면 단명한다고 했는데 요즘은 그렇지도 않습니다.

해외와 인연이 많거나 자존감이 약한 사람이 생명선이 짧고, 현실적인 사람도 역시 생명선이 짧습니다. 성격상 급하고 자기 밖에 모르는 그런 사람도 생명선이 짧습니다. 특히 양손 중 한 손만 짧다면 극복할 수 있지만 양손 다 짧으면 주의해야 할 점이 있습니다. 생명선만 보지 말고 두뇌선과 감정선을 봐야 합니다. 두뇌선 감정선이 긴 사람은 단명하지는 않습니다. 두뇌선과 감정선의 나이도 있기 때문입니다.

❷번처럼 장애선이 지나가 있으면 역시 갑자기 아프거나 위기가 찾아옵니다. 내 나이대에 갑자기 진해질 수도 있으니 밑에 있다고 노후로 단정짓지는 마세요.

· 에피소드 ·

하고 싶은 거 다 하며 사세요

얼마 전 한 여성이 온라인 톡으로 상담하여 얼굴은 볼 수 없었지만 핏줄이 선명하고 혈색이 하얗습니다. 선들이 다 짧아요. 그래서 조심해라 조심해라 밖에 할 말이 없었습니다. 그런데 반대쪽 손은 생명선이 끝까지 길었고 두뇌선 감정선은 그나마 조금 나았습니다. 사주를 살펴 보니 토와 수밖에 없었습니다.

나중에 통화를 해보니 밝은 친구였어요. 웃음기도 있고 애교도 있는 듯 했습니다. 36살인데 아직 결혼하지 않았데요. 먹고 사느라 남자를 만날 시간도 없었고, 철학관에 가서 사주를 보면 무조건 두 번 결혼한다고, 꼭 궁합을 보고 결혼하라고 했답니다.

미혼이긴 해도 고생을 많이 했다고 합니다. 사람한테 치이고 오해도 사고, 시기 질투도 많이 받고, 배신도 당하고. 그러다 보니 조직생활 하기가 겁나서 지금은 프리랜서라고 하더라고요. 해보고 싶은 거 다 하라고 했습니다. 결혼했다면 마음고생 다 했을테니 퉁치고 배우고 싶은 거 다 하라고 했네요.

친구한테 사과나 사줘

옛날 압구정동에 유명한 점쟁이가 있어서 친구 둘이 예약하고 갔었대요. 한 친구가 끝나고 다른 친구가 보는데 지금 당장 먹고 싶은 것이 뭐냐고 물어요. "사과요" 하는데 "정말 사과가 먹고 싶어? 왜? 더 맛있는 거 먹지?" 합니다. 그리고 나갈 때 "복채 안 받을 테니 친구 사과나 사줘" 하더랍니다.

시간이 지나 사과를 사준 친구가 다시 찾아갔어요. 친구가 갑자기 죽었는데 그게 보였냐고 묻고 싶어서요.

아프면서 장수하는 사람

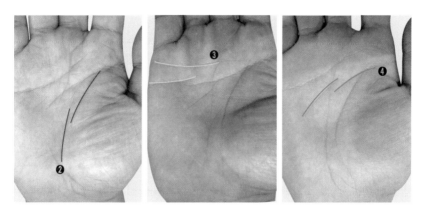

❶ 전체적으로 잔선이 많다
❷ 이중 생명선이거나 ❸이중 감정선이거나 ❹이중 두뇌선이다

뭐든 두 개를 갖고 있다는 것은 의지가 강하다는 의미입니다. ❷생명 선이 두 개면 생활력이 강한 것이고, ❸감정선이 두 개면 감정기복이 두 배이지만 집중이나 의지가 강한 편이고, ❹두뇌선이 두 개면 쌍두마차로 뭐든 스스로 잘 알아서 하는 사람입니다.

생명선은 긴데 ❶잔선이 많아도 오래 삽니다. 잔병치레로 오래 사는 것이므로 평소 자신이 몸이 안 좋은 걸 알기에 더 많이 신경을 씁니다. 특히 여성이 잔선이 많습니다. 반면, 남자가 잔선이 많으면 건강도 그렇지만 예민한 편이고 자기 몸을 더 잘 알아서 챙기는 사람이 많습니다.

잔선은 많은데 기본 3대선이 좋지 않을 때는 정신적 문제와 슬럼프 또는 스트레스, 트라우마 등을 겪게 되면 혼란기나 정체기가 오래 갈 수 있으니 참고하기 바랍니다.

· 에피소드 ·

아파도 노력하면 오래 살 수 있어

예전에 출판사와 조인하여 일일 강의를 나간 적이 있어요. 정말 많은 사람들이 와서 놀랐습니다. 뭐 대단한 사람이라고 많은 사람들 앞에 서니 엄청 떨렸습니다. 손금이라서 자료 준비도 많이 못했고, 말도 터무니 없이 빨리 해서 손금을 봐주기로 했지요. 그 많은 사람들을 두어 시간이 넘도록 봐줬던 거 같습니다.

그중 기억에 남는 분이 있어요. 80이 넘으신 어르신인데 휠체어를 타고 오셨습니다. 손금이 너무 궁금했답니다. 전쟁에 나가서 다쳤다고 하는데 생명선은 이미 명이 다 됐다고 했지요. 그냥 노력으로 연명하신 거라고. 그랬더니 "허허허 진짜 잘 보시네!" 하십니다. 굵직한 목소리에 군인다운 자부심이 느껴졌습니다. 건강하셨다면 장군까지 올라갔을 거라고 당당하게 말씀하신 기억이 납니다.

또 어떤 여성은 여행 관련 일을 했는데 가이드도 하고 여러 가지 일을 도맡아 한다고 하더라구요. 건강이 그다지 좋지 않아서 결혼하기가 꺼려진다고 합니다. 손금에 잔선이 너무 많아서 오래 산다고 하니 엄마랑 둘이 사는데 엄마가 건강이 좋지 않아서 옆에서 케어 하고 있다고. 그러면서 자기도 그렇게 될까봐 미리 노후 준비를 하고 있다고 하더군요. 아프면서 오래 사니까 열심히 활동하라고 일러줬습니다.

손금이 너무 안 좋아서 관심이 생겼다네요. 그런 분들이 많지만 그만큼 자기 관리를 잘 하고 단순하고 긍정적으로 살려고 하면 있던 잔금도 서서히 연해지고 사라진답니다.

건강하게 자연과 벗삼아
오래 사는 사람

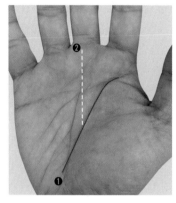

❶ 생명선이 튼튼하고 선명하다
❷ 생명선이 중지 선상을 넘었다

사주 구성에서 토(土)와 인연이 많은 사람이 있습니다. ❶생명선 안쪽 즉 금성구가 두툼하거나 ❷생명선이 과중하게 넘어서 있거나 지선이 월구에서 나와 길게 뻗어 있는 선입니다.

토가 많으니 땅을 밟을 일이 많습니다. 운전도 마찬가지입니다. 도로를 달리는 것처럼 땅과 인연이 많습니다. 이런 사람이 귀농을 하거나 시골 한적한 곳에서 자연과 벗삼아 살면 잘 어울립니다.

주말이나 쉬는 날에 캠핑이나 여행을 좋아하는 사람들을 보면 1, 2번의 모양을 갖고 있답니다. 손금이 복잡하고 잔선이 많은 사람 역시 자연과 친해지면 도움이 많이 됩니다. 그런 사람은 자연과 벗삼아 살지 못합니다. 그러나 힐링은 될 수 있기 때문에 스트레스 해소에 많은 도움이 됩니다. 땅과 인연이 많으니 작물 재배도 좋고, 펜션이나 숙박업도 좋습니다.

말이 씨가 된 건지 시골에 살아요

자연과 함께 하는 사람들은 대개 손이 두껍습니다. 당연한 것일 수도 있습니다. 농사일을 하나부터 열까지 챙기려면 손이 거칠어질 수밖에요.

가까운 곳에 백화점 없으면 안 된다는 나 조차도 자연으로 돌아왔네요. 처음에는 싫었어요. 그런데 조금씩 받아들이기 시작해 일주일 중 5일은 자연으로 왔다갔다 합니다. 아이들이 도시에서 학교에 다니다 보니 우선 애들을 챙기고, 시간이 남으면 시골에 가서 농사일도 돕습니다. 이 생활이 일년이 다 되어 갑니다.

신랑의 손금은 잔선이 정말 많아요. 그리고 생명선이 발달되어 있고 넓습니다. 처음 손금 보러 왔을 때 역마가 많다고 하니 아니라더만 결혼하고 나서는 발뺌하네요. 신랑이 하는 일이 외국 출장 다니는 일이거든요. 그런데 시골에서 자라서 그런가 결혼하기 전부터 흙을 그리워했더랍니다. 노후에는 농사 짓고 살고 싶다고. 말이 씨가 된 건지 코로나 때문에 갑갑한 생활이었을텐데 그나마 저희 가족은 평온하게 잘 지내고 있네요. 코로나가 터지면서 선견지명 있다는 말을 많이 들었습니다. 어떻게 이렇게 시기 적절하게 잘 내려갔냐고 말이에요.

이 책을 내기에 앞서 고민한 시간이 1년이 넘었네요. 여기저기 떠돌아다니는 애들 아빠가 친정 근처로 내려와 정착했습니다. 매일 새벽에 일어나 밥 해주고, 아이들 학교 보내고 짬짬이 글을 썼어요.

아이들이 학교에서 돌아오면 전 다시 일상으로 돌아와 학원 준비를 챙기거나, 가끔 상담을 해주면서 살림을 살았어요. 그래도 혼자만의 시간이 가장 집중이 잘 되기 때문에 자료를 찾고 글을 쓰다 보면 금방 시간이 가더라고요.

파주에 있을 때 한번은 아들이 물었습니다. 왜 자꾸 손님들이 찾아오고, 왜 문을 잠그냐고요. 아이들이 어릴 때는 내가 하는 일이 무엇인지 잘 모르게 했었거든요.

그러던 아들이 이제 6학년, 어느 날 유튜브에서 손금에 관한 영상을 보고는 감정선에 대해 이야기를 하더라구요. "엄마, 내 친구는 감정선이 검지 손으로 길게 나와 올라가 있는데 성격이 지랄 같아."라고 하는 거에요. 거기서 너무 큰 충격을 받았습니다. 네가 손금을 볼 줄 아냐고 그랬더니 유튜브에 다 나온다며 우연히 봤는데 감정선이 길고 곡선이면 손금이 좋다고 이해하는 거 같더라구요.

또 어느 날엔 타로를 봐달라고 합니다. 어떻게 알았냐고 하니 서랍에 있는 거 봤다고 합니다. 지금 아들은 궁금한 것이 많아서인지 나만 보면 타로를 봐달라고 하다가 타로 그림의 의미에 대해 집요하게 묻기도 합니다. 일일이 설명해 줄 수도 없어서 제가 쓴 타로 책을 줬어요. 키워드만 보라고. 다시는 나한테 물어보지 말라고 하면서요. 어쩌면 학교에서 쉬는 시간에 애들을 봐주고 있는지도 모르겠습니다.

요즘 애들은 뭐든지 참 빠르네요. 내가 손금에 관심을 가진 것이 고등학교 때였는데 아들은 초등 6학년이라니. 숨기고 말 안하고 있었던 나의 모든 것을 다 들킨 요즘, 아들은 엄지 척하며 "엄마가 자랑스러워요." 라고 이야기해주네요. 몰래몰래 상담한다고 했는데 이제는 그러지 않아도 되는 거 같아 마음이 편하기도 하고, 방해하지 않고 지켜보는 아들과 딸, 그리고 남편한테도 이 자리를 빌어 감사하다고, 사랑한다고 전하고 싶네요.

그동안 살아오면서 감사해야 할 일이 수두룩하게 쌓였습니다. 다음 카페 '소영이의 손금 사랑'에 매일같이 들러주신 분들, 잊지 않고 때마다 선물을 보내주신 분들, 제 책이 다 닳도록 공부하신 분들, 과외를 받아 가며 유튜브나 컨설팅을 하시는 분들, 모두에게 감사한 마음을 전합니다.

이 책이 옆에 두고 말 한마디라도 조언해 줄 수 있는 힘이 되길 바라며, 어렵고 힘든 세상에 따뜻한 촛불처럼 온기를 불어 넣어주길 바랍니다.

2021년 7월 장마철에

박소영

돈과 운이 들어오는 손금 읽기

© 박소영, 2021

1쇄 발행 2021년 10월 1일

지은이 박소영
펴낸이 이경희

발행 글로세움
출판등록 제318-2003-00064호(2003.7.2)

주소 서울시 구로구 경인로 445(고척동)
전화 02-323-3694
팩스 070-8620-0740
메일 editor@gloseum.com
홈페이지 www.gloseum.com

ISBN 979-11-86578-94-0 13180

• 잘못된 책은 구입하신 서점이나 본사로 연락하시면 바꿔 드립니다.